英語辞典活用ガイド
辞書の情報を読み取るための必須知識

開拓社
言語・文化選書
35

英語辞典活用ガイド

辞書の情報を読み取るための必須知識

樋口昌幸 著

開拓社

はしがき

　本書は，英語辞典を有効に利用するための手引書です。ほとんどの人は辞書なんて引けばわかると思っているでしょう。本当にわかっているかどうか，次の問題に○×で答えてみてください。

1　dic·tio·nar·y（辞書）という見出し語中の点（·）は，意味の最小単位を表す。
2　not（…でない）のアメリカ式発音は，/nát/ と表記される。
3　形容詞の項目で「比較なし」と書かれていれば，more/most を付けて比較級・最上級を作るので，-er/-est を付ける形式がないことを表す。
4　Poor thing!（かわいそうに）中の poor は，辞書では「叙述」と説明されている。
5　語源欄に IE という略語があれば，Indian Empire（インド帝国）を指し，英国がインドを植民地支配していた期間中に英語に取り入れられた語であることを表す。

（解答は p. 17）

どうでしょう？　ぜんぶ自信をもって答えることができたでしょうか。意味がわかればいい，という反論が返ってきそうですが，問題 4 は意味の取り方と直接かかわっています。問題 4 がわからなかった人は，今まで形容詞の意味を取り違えていたかもしれません。これからも戸惑うことがあるかもしれません。他の問題も（問題 5 は辞書によっては記述がありませんが）英和辞典で踏襲さ

れている事項です．辞書に載っているのは，訳語と例文だけではありません．辞書には，これまでの英語研究の成果が満載されているのです．これらの成果を理解するためには予備知識が必要です．予備知識なしに辞書を引いたのでは，訳語を探すことだけに終始して，宝の持ち腐れになりかねません．

　本書の目的は，種々の英語辞典に盛り込まれているさまざまな情報をどのように読み取るかを説明することです．本論では，『ジーニアス英和辞典』(G4) を中心に据えて解説し，他の英語辞典の記述法も理解できるよう『G4』以外の辞書（高校上級生レベル以上；英英辞典を含む）の説明法もほぼ網羅的に取り上げます．『G4』を主な対象とするのは，同辞典はほとんどの電子辞典に搭載されているので，多くの人にとってもっとも身近な辞書と思われるからです．本書を通読して英語辞典を引きこなすために必要な知識を身につければ，いままで見落としていたことが見えてくるはずです．英語の学習効率も飛躍的に伸びると期待されます．

　OED の写真をご提供くださったオックスフォード大学出版局，草稿を綿密に読んで批判・助言してくれた佐藤哲三氏，登田龍彦氏，三輪伸春氏，および本書の編集と校正にご助力をいただいた開拓社の川田賢氏にお礼申し上げます．

　本書が多くの人々にとって英語辞典を活用する手助けになることを祈っています．

　　2012 年 4 月

　　　　　　　　　　　　　　　　　　　　　　　　樋口　昌幸

目　　次

はしがき　*v*

1　見出し語および発音記号から情報を読み取る ……………… *1*
- 1.1.　見出し語の配置　*1*
- 1.2.　語の区切り方　*3*
- 1.3.　発音記号　*7*
  - 1.3.1.　二つの考え　*7*
  - 1.3.2.　/uː, ʊ/ と /iː, ɪ/　*12*
  - 1.3.3.　/a/ と /ɑ/　*13*
  - 1.3.4.　アクセント記号　*14*

2　品詞ごとの情報を読み取る ……………………………… *19*
- 2.1.　品詞表示　*19*
- 2.2.　名詞 (noun /náʊn/)　*23*
  - 2.2.1.　複数形　*23*
  - 2.2.2.　[C] と [U]　*24*
  - 2.2.3.　[U] と a/an　*35*
- 2.3.　動詞 (verb /vɚb/)　*41*
  - 2.3.1.　活用形　*41*
  - 2.3.2.　自動詞と他動詞　*43*
  - 2.3.3.　文型　*46*
  - 2.3.4.　用法の解説など　*63*
- 2.4.　形容詞 (adjective /ǽdʒɪktɪv/)　*68*
  - 2.4.1.　比較級・最上級　*68*
  - 2.4.2.　限定と叙述　*71*

    2.4.3. 形容詞がとる構文　*76*
  2.5.　副詞 (adverb /ǽdvɚb/)　*81*

3　スピーチレベルに関する情報を読み取る ……………… 85

  3.0.　スピーチレベル　*85*
  3.1.　使用地域　*85*
  3.2.　文体　*89*
  3.3.　使用分野　*93*

4　語源に関する情報を読み取る ………………………… 99

  4.1.　日本語からの借用語　*99*
  4.2.　1,000年（以上）前からの英語　*101*
  4.3.　フランス語からの借用語　*106*
  4.4.　ラテン語からの借用語　*110*
  4.5.　バイキングの影響　*111*

5　情報発信の仕方を読み取る …………………………… 115

  5.0.　情報発信の仕方　*115*
  5.1.　現地主義　*115*
  5.2.　縦読み　*118*
  5.3.　訳語の相互的関連　*119*

6　諸辞典の情報を比較する ……………………………… 127

  6.1.　全般的比較　*127*
  6.2.　個別的比較　*136*
  6.3.　比較結果　*144*

辞書力検定 ……………………………………… *145*
　辞書力検定解答例　*149*
　実力判定　*152*

読書案内 ………………………………………… *155*

言及した辞書 …………………………………… *159*

索　　引 ………………………………………… *161*

補習授業
　辞書中の用語　*21*
　a person と one　*39*
　句動詞　*66*
　印欧語族（インド・ヨーロッパ語族）　*105*
　コンマ (,) とセミコロン (;)　*117*

コーヒーブレーク
　ことばは生物（いきもの），辞書は生物（なまもの）　*16*
　編集者も遊ぶ　*83*
　うっかり出た方言　*92*
　ぴったりの訳語　*96*
　ひとことで言うと　*113*
　電子辞書の選び方　*125*

1　見出し語および発音記号から情報を読み取る

1.1.　見出し語の配置

　語の配列順序は，たいていの英語辞典ではアルファベット順になっています。同じスペリングで小文字で始まる語と大文字で始まる語がある場合，どちらを先に出すかは，辞書によって異なります。たとえば，『ジーニアス英和大辞典』，『研究社 英和大辞典』，『研究社 リーダーズ英和辞典』では，china (陶磁器) / japan (ウルシ) / turkey (シチメンチョウ) のほうが，China (中国) / Japan (日本) / Turkey (トルコ) よりも先に載っています。他方，『ランダムハウス英和大辞典』では大文字のほうが先にきています (以下，それぞれ，『ジ英大』，『研英大』，『リ英和』，『ラ英大』と略。その他の省略形は p. 159f. 参照)。

　同形異義語 (語形が同じで意味・語源が異なる語) は，たとえば，ear¹ (耳)，ear² (穂) のように，語の後ろに上付きの数字を付けて別の見出し語として扱われます。

　語に数字が含まれる場合，数字はアルファベットでスペルアウトした英単語として扱われます。たとえば，3-D (あるいは 3D) / 4WD / 7-Eleven は，それぞれ，three D / four WD / Seven

Eleven として配置されています（ただし，英英辞典には，数字で始まる語を本文の最初にまとめて載せているものもあります）。QE2 (Queen Elizabeth 2; 英国の豪華客船) の "2" は (second ではなく) two と見なし，F2F (face-to-face) / P2P (peer-to-peer) の "2" は to として扱います。A4 (A4 判(の)) は A four として調べ，[1] B4N (bye for now) 中の "4" は for と見なします。007 は，『ラ英大』では double oh seven，『ジ英大』では oh-oh-seven，の位置に載っています。

電子辞書で 9/11（2001 年 9 月 11 日；同時テロの日）や 911（緊急電話番号；日本の 110 番 /119 番に相当）を引こうと思っても，数字を入力できません。それぞれ，nine eleven ("September eleven(th)" ではない)，nine one one と入力すれば（その辞書に項目があれば）ちゃんと数字がでます。他の，3-D など数字を含む英単語も同様です。

語にハイフン (-) あるいはスラッシュ (/)，ピリオド (.) が含まれる場合，その記号は無視してアルファベット順に配列されています。たとえば，既述のように，3-D / 7-Eleven は three D / Seven Eleven（ハイフンなし）として扱われます。c/o (care of) や n/a (no account; not applicable [available]) は，co および na の位置に置かれます（ただし，他の co および na より後まわしになります）。A.M. や U.S.A. などピリオドを含む語も同様に，ピリオド

---

[1] 『研英大』および『ラ英大』は，それぞれ，A4 を A3 の次に，QE2 を QE の次に，載せています。このように，アルファベット部分が共通のときは，数字の若い順に並べられることがあります（典型的には，国王の名前）。ちなみに，『ジーニアス英和辞典（第 4 版）』(G4) では，P2P が PTSD の後に配置されていますが，これは位置を間違えたものと思われます。

を無視して配列されています。

Dvořák（ドボルザーク），Gdańsk（グダニスク），Göttingen（ゲッティンゲン），naïveté（素朴さ），Napoléon（ナポレオン）など補助記号付きの語も，配列順序としては補助記号を無視します。

語の最初に記号がある場合も，語頭の記号は無視します。たとえば，アポストロフィ付きの 'd (= had/would), 'm (= am), 's (= is/has) は d, m, s で調べ，.22（22口径ライフル［ピストル］）は twenty-two（または two two）と見なします。$64,000 Question（6万4千ドルの質問）は，『リ英和』（プラス）では，sixty-four-thousand-dollar question の位置にあります（『英辞郎』では，コンピュータ上での使用が前提なので，記号はそのまま入力してかまいません）。

"&"（ampersand）は and とみなします。手元の辞書で B & B (bed and breakfast), S & L (savings and loan association), P & P (postage and packing) を引いてみてください。"@," "€"（ユーロ），"£"（ポンド），"$," "¥" は（辞書に項目があれば），それぞれ，a, E, L, S, Y と同様に扱われています。

1.2. 語の区切り方

英語辞典の見出し語の多くは，語の途中に点（·）が入っています。この点は，原則的に，その位置で語を区切ってよい，ということを表します。いま英文を書いていて，長い語が行末に入りきらないので，次の行にまわさなければならない。しかし，語全体を次行にまわすと語と語の間が空きすぎて間が抜けて見える，と仮定してみましょう。たとえば，(1a) のような場合です。

(1) a. ... the   island   nation   on   Friday.   It registered a magnitude of 8.9.
   b. The earthquake hit the island nation on Friday. It registered a magnitude of 8.9.（地震は金曜日にその島国〔日本〕を襲い，マグニチュード 8.9 を記録した）(CNN)
   c. The earthquake hit the island nation on Friday. It reg-istered a magnitude of 8.9.
   d. ×The earthquake hit the island nation on Friday. It regi-stered a magnitude of 8.9.

(1a) では語間が広すぎるが，(1b) では狭すぎる，と思えば，(1c) のように行末の語を分割して，一部をその行末に入れ，残りを次行の先頭にまわすことになります。このとき，(1d) のような区切り方をしては間違いです。英語では（というより，どの言語でも）語の途中のどこで分割してもよいわけではなく，音節の切れ目で区切らなければならないからです。[2] どこが音節の切れ目かというと，辞書の見出し語で点（・）が打ってある箇所です。たとえば，register は，見出し語としては reg・is・ter と表示されています。これは reg か regis の後でしか改行できないということを示してます。book や pen のような短い語（厳密には，1 音節の語）は途中では分割できません。このように語を音節に分けることを「分節法」（または，分綴法；syllabi(fi)cation）といいます。

---

[2]「音節」(syllable) =「一まとまりに発音される最小の単位。ふつう，核となる母音があり，その前後に子音を伴う」(広辞苑；本章注 6 も参照)。「音節」は「文節」(言語単位の一つ。文を読む際，自然な発音によって区切られる最小の単位）と並行的に考えるとわかりやすいかもしれません。

以下，辞書の記述をよりよく理解できるように，分節法の注意事項について述べます。辞書によっては，次のように，分節の箇所が異なることがあります。

(2) a.　cor·re·spond·ence　（ジ英大など）
　　 b.　cor·re·spon·dence　（研英大など）

両方とも正しいのですが，英文を書くときはどちらかに統一しなければなりません。たとえば，レポートや論文を書いているとき，ある箇所ではcorrespondで改行し，別の箇所ではcorresponで改行するようなことをしてはいけません。参照する辞書を決めておけば，このような不統一を避けることができます。

　分節法としては正しくても，1字だけ次行にまわすのは避けるのがふつうです。理由は，読みにくいし，見た目に格好悪いからです。たとえば，veryの分節法はver·yですが，ver-で分割して次行の先頭にyだけ書くのはきわめて変則的です。同様に，語の最初の1字だけ上の行に入れて，残りを次行にまわすのも避けます。たとえば，a·bil·i·tyをa［改行］bilityとはしません。固有名詞（人名・地名など）は行末で分割せず，まるごと次行にまわすのがふつうです（ジャーナル等によっては例外もあります）。ページの最後では固有名詞以外の語も分割を避けて，同一の語が2ページにわたらないように配慮するのが一般的です。

　『ジ英大』および『G4』（以下，両者をまとめて『ジーニアス』と呼ぶ）では，音節の切れ目を2種類の方法で表示しています。分割してもよい音節の切れ目と分割しないほうがよい音節[3]の切れ目

---

[3] 「分割してはならない」ということではありません。ちなみに，本書では

を点（・）とハイフン（-）とで区別しています。ほとんどの人は見落としていますが，(3) と (4) の表記法に注意してください。『研英大』などほとんどの辞書では，(4) のように，"・" と "-" の使い分けはありません。

(3) a. a-bil·i-ty
    b. cor·re·spond·ence
    c. Shake-speare
    d. ver-y
                    （ジーニアス）

(4) a. a·bil·i·ty
    b. cor·re·spon·dence
    c. Shake·speare
    d. ver·y
                    （研英大など）

　近年はコンピュータが自動的に語と語の間隔を調整して両端揃えにしてくれますが，分節法に関する上記の概説は常識として知っていなければ，思わぬ恥をかくかもしれません。コンピュータが普及していなかったころ，語を行末ででたらめに分割している論文をしばしば見かけました。分節法についてまったく知らなかったものと想像されます。

　最後に，複合語は，点ではなく，ハイフン（-）で結ばれています（例：eco-friend·ly「環境にやさしい」）。ハイフンの後で改行することには何ら問題ありません。

わかりやすいように，『ジ英大』中のハイフンよりも少し長めに表記しています。

1.3. 発音記号

1.3.1. 二つの考え

見出し語の後には，ふつう，発音記号が載っています。米国の標準的な発音を示すのであれば，どの辞書でも同じ記号で表記されているはずだと思われるかもしれません。ところが，辞書によって発音記号が異なることがあります。たとえば，penという語はだれでも知っていますが，その発音は，(5a-e)のように，5種類もの方法で表記されています。

(5) pen
 a. [pen] （Gコンサイス）
 b. [pén] （ラ英大など）
 c. /pen/ （ウィズダムなど）
 d. /pén/ （ジ英大など）
 e. /pén/ （研英大など）

まず，角括弧 [ ] と斜線 / / の違いから始めましょう。従来，発音記号は角括弧に入れるのが慣例でしたが，近年は斜線に入れるのが一般化してきています。本来，[ ] は音声を，/ / は音素（一言語中で同一とみなされる一群の類似音）を，表すための記号です。[4] たとえば，peep / taught / cook などにおける /p, t, k/ は，語頭では

---

[4] 一般的には，音素とは母語話者が同じと思っている音であると考えてさしつかえありません。たとえば，日本語の「午後」を [goŋo] と発音しても，子音の音素は /g/ です。「歓喜，乾杯，簡単」は音声学的には [kaŋki, kampai, kantaN] ですが，日本人の意識としては，「ン」はすべて同じ音であり，音素記号 /N/ で表します。

帯気音 (/h/) を伴って強く発音されるのに対し，語末では /h/ を伴いません (例：[pʰíːp])。それにもかかわらず，英語辞典では同じ記号で表されています (例：/píːp/)。つまり，辞典で用いられている発音記号は音声表記よりも音素表記に近いので，/ / のほうが適切であると判断されるようになったのです。学習者にとって大事なのは，同じ記号で表されていても，実際の発音は環境によってどのように異なるかを学ぶことです。

次に，なぜ母音に /e, é, ɛ/ という三つの発音記号が使われているのかについて考えてみましょう。

発音の表記法には，大きく分けて，二つの考えがあります。ひとつは，なるべく精密に音[5]を表記しようとする考え，もうひとつは，なるべく簡略に表記しようとする考えです。/ɛ/ は /e/ よりも口の開き方が広いことを表します。英語の pen の母音は，/e/ よりも /ɛ/ で表すほうが実際の発音に近いと言えます。したがって，(5e) は精密に表記しようという考えに立って，/ɛ/ を選んでいます。しかし，いったん英語の発音の特徴 (つまり，pen などでは口の開きが大きいこと) がわかれば，なじみの薄い /ɛ/ を使う必要はありません。(5a–d) はそういう考えに基づいて，キーボードにある文字を用いて表記しています。

/e/ の上のアクセント記号 (′) の有無は，次のような考え方の相違から生じています。強勢は，本来，2 音節以上の語の中でどの音節が強く発音されるかを示すものだから，1 音節の語の場合にはアクセント記号は不要だ，というのが (5a, c) の考えです。

---

[5] speech sound を表す場合，「音」は「オン」と読みます。言語に無関係な「オト」と区別するためです。

他方，1音節の語も強く発音されるのだからアクセント記号を付けるべきだ，というのが (5b, d, e) の基本的な立場です。is (/íz/ (強形), /ɪz/ (弱形)) のように，1音節の語でも強勢を置く場合と置かない場合があるので，私自身は (5b, d, e) のように "ˊ" を付けるほうが適切であろうと思います。

(6) の /l/ (エル) の発音表記の相違も，「簡略型」と「精密型」という二つの考えに基づいています。

(6) wolf
   a. [wúlf]　（ラ英大など）
   b. /wúlf/　（ジ英大など）
   c. /wúɫf/　（研英大）

(6a, b) は，英語の /l/ は母音が後続しないときには暗い感じの発音であり「う」(または「お」) のように聞こえる，ということを知っていれば，特殊な記号を使う必要はない，という考えであり，(6c) の /l/ の横棒 (厳密には，波型; tilde) は clear や light など母音の前の /l/ と区別しようという方針に基づいています。記号の意味がわからない人には /ɫ/ を使っても無意味だし，記号の意味がわかる人には不要なので，私は個人的には英語辞典の発音表記では二つの /l/ を区別する必要はないと考えています。しかし，辞書に区別が示されているからには，利用者も区別を理解できることが望まれます。さもなければ，その辞書をきちんと評価，利用，活用することはできません。

(7c, d) の /l/ の下の点は，音節を成すということを表してい

す（名称：syllabicity mark）。[6] これも知らない人には無意味，知っている人には不要という類(たぐい)の情報なので，知っていなければ，見落とすか，紙面のシミ，あるいは液晶画面のゴミ，と思ってしまうでしょう。意味を知っていなくても，母語話者の発音に近く発音すれば音節を成すので心配無用です。『ジ英大』の /l/ が『G4』では /l/ に変更されているのは，前者の記号を使ってもほとんどの利用者には無意味であると判断されたためと思われます。

(7) simple
  a. [símpl] （ラ英大）
  b. /símpl/, /símp(ə)l/[7] （G4，リ英和など）
  c. /símpl̩/ （ジ英大）
  d. /símpɫ/ （研英大）

同様に，(8), (9) の /m/, /n/ の下の点も，音節を成すことを表します（これも，知っていなくても発音するには困りません）。

(8) rhythm
  a. [ríðm] （ラ英大）
  b. /ríðm/, /ríð(ə)m/ （G4，リ英和など）
  c. /ríðm̩/[8] （ジ英大など）

---

[6] 本章注 2 にあるように，音節は母音を核とするのがふつうですが，子音だけで音節を構成することがあります。そういう子音を「成節(的)子音」（または「音節主音的子音」；syllabic consonant）といいます。たとえば，simple の後半は，/l/ の音を中心として音節を成しています。これに対し，simply の発音表記では /l/ の下に点は付きません。"l" 単独では音節を成さず，母音の /i/ にくっついて音節を構成しているからです。

[7] "(ə)" は省略可能であることを表します。

[8] rhythmical では /m/ は音節を成さないので，/m/ の下に点は付きません

(9) open
    a. [óupən][9]　（ラ英大）

    b. /óupən/, /óup(ə)n/　（G4, リ英和など）

    c. /óupn̩/　（ジ英大）

    d. /óupən, -pn̩/　（研英大）

　potato の後のほうの /t/ の下にも，辞書によっては，点 (underdot) が付いています (ṭ)。この点は，音節を成すということではなく，/t/ が「はじき音」であることを表します。つまり，/t/ が強勢のない母音など有声音に挟まれているときに舌先が口蓋（口の上部の硬いところ）を 1 回はじくときの音です。日本語のラ行の子音のような音です（最初の /t/ は強勢のある母音が後続するためはじき音ではないので，点は付きません）。『研英大』では madam など母音間の /d/ にも下に点が付けてあります (/mǽdəm/)。

(10)　potato
    a. [pətéitou]　（ラ英大）（一部略）

    b. /pətéɪtoʊ/　（ジ英大など）

    c. /pətéɪṭoʊ/　（研英大）（一部略）

辞書によっては "t" の下に "ˬ" が付けられていますが，"t̬" が用いられる環境は "ṭ" と同じです。

    d. /pətéɪt̬oʊ/　（オーレックスなど）

が，辞書によっては /l/ の下に点が付けられます。

 [9] イタリック体の ə は省略可能であることを表します。

1.3.2. /uː, ʊ/ と /iː, ɪ/

　上の (6) および (9)–(10) の (a) と (6) および (9)–(10) の (b) 以下とでは母音の形が異なることに注意してください。wolf や pull などの母音の発音を表すには，近年は，(6b, c) のように，大文字の U を小文字の高さに縮めた /ʊ/ （または，/ʊ/; small capital と呼ぶ）を用いるのが慣例的です（/ʊ/ と /ʊ/ は発音上は区別なし；以下，本書では "ʊ" を使用）。他方，長音の /uː/ ではキーボードにある小文字の u を使います。/ʊ/ と /uː/ とはまったく音色の違う音だから，記号も区別するのです。/ʊ/ を伸ばしても /uː/ の音にはならず，/uː/ を短く言っても /ʊ/ の音にはなりません。/iː/ と /ɪ/ も同様に使い分けられています（"i" の点に ´ が重なるので注意して見なければ気づかないかもしれません）。

(11)　(pull) /púl/　（ジ英大など）

(12)　(pool) /púːl/　（ジ英大など）

(13)　(ship) /ʃíp/　（ジ英大など）

(14)　(sheep) /ʃíːp/　（ジ英大など）

　二重母音の第二要素も，(15c, d)，(16c, d) のように，近年は /ʊ, ɪ/ を用いるほうが一般的です。

(15)　now
　　　a.　[nau]　（G コンサイス）
　　　b.　[náu]　（ラ英大など）
　　　c.　/nau/　（ウィズダム）
　　　d.　/náu/　（ジ英大など）

(16) eye

    a. [ai] （G コンサイス）

    b. [ái] （ラ英大など）

    c. /aɪ/ （ウィズダム）

    d. /áɪ/ （ジ英大など）

語末の "-y" の発音は /i/ で表されます。手元の辞書で chilly（うすら寒い）, dreamy（夢みるような）の発音記号を調べてみてください。happy と happily の発音記号の相違も確認してください。

1.3.3. /a/ と /ɑ/

/ɑ/ は /a/ の筆記体だと誤解している人がいますが（事実, 両者の区別を知らない英語教師もたくさんいます）, これらは別の音を表しています。/a/ は舌の位置が前寄りで, /ɑ/ は奥よりです。/a/ が使われる環境は, 近年では, 二重母音の第一要素を表すときだけです（例 (15), (16) 参照）。これに対し, /ɑ/ は, (1) 米式発音における god / hot などの母音,[10] (2) calm の "al" の部分や part / star などにおける "ar" の母音部分, を表すのに使用されます。(17)–(19) の /ɑ/ が /a/ で代用されることはありません。[11]

(17) hot（米音のみ表記）

    a. [hɑt], /hɑt/ （G コンサイス, ウィズダム）

    b. [hɑ́t], /hɑ́t/ （ラ英大, ジ英大など）

---

[10] 辞書によっては /ɑ́ː/。英国式の発音は, 一般的には, 英和辞典では /hɔ́t/, 英英辞典では /ˌhɒt/ と表記されています。

[11] NHD は両者を混同しています：god /gɑd/; hot /hat/.

(18) calm
   a. [kɑːm], /kɑːm/ （Gコンサイス，ウィズダム）
   b. [kɑ́ːm], /kɑ́ːm/ （ラ英大，ジ英大など）
(19) part （米音のみ表記）
   a. [pɑːrt], /pɑːrt/ （Gコンサイス，ウィズダム）
   b. [pɑ́ːrt], /pɑ́ːrt/ （ラ英大，リ英和など）
   c. /pɑ́ɚːt/[12] （ジ英大など）
   d. /pɑ́ːʳt/ （Aコズミカ）

1.3.4. アクセント記号

語が二つ以上の音節から構成されていれば，必ず強勢（いわゆる「アクセント」）を受ける音節があります（§1.3.1参照）。語によっては第1強勢のほか，第2強勢を持つものがあり，それぞれ " ′ " および " ` " で示されます（以下，引用符省略）。第2強勢は二つあることもあります(例 (21) 参照)。

(20) international
   a. [ìntərnǽʃnl] （ラ英大など）
   b. /ìntɚnǽʃnl̩/ （ジ英大など）
   c. /ìntɚnǽʃnəl/ （研英大）（一部略）

派生語や使用頻度の低い語の場合は，発音記号は表記されないで，見出し語の上に補助記号として ′ あるいは ` が付けられることがしばしばあります。

---

[12] /ɚ/ は /ə/ + /r/ を表します。

(21) a. ìn·ter·nà·tion·ál·i·ty （ラ英大など）
    b. ìn-ter-nà-tion-ál-i-ty /-ǽləti/ （ジ英大）
    c. in·ter·na·tion·al·i·ty /ìnt̬ɚnæʃənǽləti/

（研英大）（一部略）

英英辞典では，'あるいは`の代わりに，上付きと下付きの縦線（'および ˌ）が用いられます。これらは，母音の上ではなく，音節の前に置かれます。[13]

(21) d. /ˌɪn.tə'næʃ.ᵊn.ᵊl/[14] (CALD3)
    e. /ˌɪntə'næʃənəl/[15] (LDOCE5)
    f. *BrE* /ˌɪntə'næʃnəl/ *NAmE* /ˌɪntər'næʃnəl/ (OALD8)

 以上，主として，米音を取り上げて，英語辞典中の発音記号を見るとき見落としやすい事項について概説してきました。発音全体を説明することは本書の目的ではないので，すべての発音記号について述べたわけではありません。発音の学習には英語音声学の入門書を読み（巻末の読書案内参照），同時に多くの英語を聴くことが必要です。音声学の入門的知識を得たのちに複数の辞書の発音表記を見なおせば，それぞれの辞典の特徴がいっそう明瞭に見えてきます。

---

[13] CCAD6 では母音に下線が引かれていますが，これではどれが第1強勢か不明です。例：/ˌɪntə<u>r</u>'næʃnl/.
[14] (21d) 中の上付きの ə (ᵊ) と小さい点 (.) は，それぞれ，省略可能であることと音節の切れ目であることを表します。
[15] イタリック体の ə (*ə*) は，省略可能であることを表します（本章注9に既出）。

☕ コーヒーブレーク　**ことばは生物(いきもの)，辞書は生物(なまもの)**

ことばは生きものと言われるように，絶えず新語と廃語ができています。そのため，出版から数年たてば，英和辞典の訳語は古くなってしまいます。以下は『研英大』の第5版(1980)と第6版(2002)の訳語の一部です。

manual	小冊子；便覧，手引き，必携	(使用)手引き書，取り扱い[操作]説明書，マニュアル〔一部略〕
prima facie	打ち見ただけの	一見したところでは
tiara	ティアール	ティアラ
white goods	(白い塗料を塗った)大型の家庭用品《冷蔵庫・ストーブ・洗濯機など》	(大型)家庭用品，白物《冷蔵庫・ストーブ・洗濯機など白い塗料を塗ったもの》

上記以外にも変更あるいは追加したい訳語はたくさんあります(提案する語を＋の後に表記)。例：ahead ([時間]〔... より〕先に〔of〕；先へ(早めて)＋前倒しで)；compartment (vt.) (区画に分ける，区画する，区分する＋(間)仕切る)；five and ten (安物(雑貨)店＋格安ショップ)；into (... に関心を抱いて，かかわって＋はまっている)；ticket ((交通違反者などに対する)呼出し状，交通違反カード＋(交通)反則切符)；maintenance (整備，維持，保存，(ビルなどの)管理＋保守，メンテナンス)；unanticipated (予期しない，思いがけない＋想定外の)〔unexpectedも同様〕。§6.2, 2) (p. 137) も参照。

他方，辞書は，古くなれば上のような賞味期限切れの訳語が目立つようになり，新しすぎれば誤植があるかもしれないので，「なまもの」

と言えます。次は『ジ英大』中の誤植です。括弧内の for / of / over, against, in は，『G4』ではイタリック体に訂正されています。

> **good** 2 〔…に〕適した，望ましい，役立つ (beneficial)；好都合の〔*for, on*〕。
>
> **positive** 2 [通例叙述] 自信のある，独断的な；〔…について / …と〕確信している (sure, certain)〔*of, about /that* 節〕。
>
> **victory** 1 〔…に対する /…での /…にとっての〕勝利，戦勝，優勝〔*over, against/in/for, to*〕。
>
> **Coulomb field** ... クローン力が生じた磁場〔正しくは，「クーロン力」；G4 には項目なし〕

[はしがきの問題の解答]

すべて×。1 は音節の切れ目を表します。2 は /nát/ と表記され，3 は比較級・最上級で用いられないことを表します。4 は「限定」です。5 は Indo-European（印欧祖語）の省略形です。

この種の問題に関心があれば，p. 145 以下も参照。

2 品詞ごとの情報を読み取る

2.1. 品詞表示

　英語辞典では，発音記号の次には [名]（または *n. / noun*）や [動]（または *v. / verb*）など品詞が表示されています。[1] 品詞に関してまず注意しなければならないのは，品詞は，意味ではなく，機能（つまり，文中での役割）によって決定される，ということです。ところが，文中で使用されている語がどういう役割を果たしているかは，その言語をある程度知っていなければ判断できません。英語辞典を正確に引くためには，文の主語と動詞を見きわめる程度の能力をそなえていることが必要です。

　さて，いまかりに「名詞」と「動詞」について説明する必要が生じたとしたら，名詞とはものの名前を表す語であり，動詞とは動作を表す語である，と思う人もいるでしょう。しかし，そのような考えは辞書を引く上ではまったく役に立ちません。なぜな

---

[1] 辞書で用いられているのは，名, 動ですが，本書では [名]，[動] で代用します。同様に，C, U も [ ] で囲んで表します。これら以外にも，辞書で使われている記号の再現が困難な場合は，類似の記号で代用します。

ら，先に述べたように，品詞は機能によって決定されるからです。具体的に，(1) を例に考えてみましょう。

(1) Maybe McLane lacks patience.
（おそらくマクレーンは忍耐力に欠けている）

(*Houston Chronicle*, Jul 23, 2008)

McLane は「もの」と言えなくもないかもしれませんが，patience は明らかに「もの」ではありません。また，lacks も「動作」を表してはいません。McLane と patience が名詞であるのは，それぞれ，文の主語と目的語という役割を果たしているからです。lacks が動詞であるのは，伝統的に動詞とされているからです。これでは説明になっていないので，別の説明を加えれば，動詞特有とされる特徴（例：三単現の -s が付く；過去形・過去分詞形がある；助動詞に後続して原形で用いられる）をそなえているからです。lack には名詞用法もありますが，(1) では名詞ではありません。理由としては，語の配列からここでは動詞以外ではありえないから，としか言いようがありません。このように，辞典における品詞表示は，利用者が初歩的な文法知識をそなえていることを前提としています。文法を知らずに辞書を引いても，構文（「主語―動詞―目的語―修飾語」など文の組み立て方）を無視した解釈になってしまう危険があります。「文法は不要」という偏見がありますが，最低限，構文をだいたい理解できる程度までは文法の勉強をしておくほうが辞書を引くときに有利です。

　以下，本章では名詞，動詞，形容詞および副詞を取り上げて，英語辞典はどのような情報を伝えようとしているかについて概説します。

補習授業　辞書中の用語

1　語法

　多くの英和辞典には「語法」という欄が設けられていて，見出し語に関する説明が書かれています。説明を読めば，語法とはどんなことかだいたいわかりますが，もう少し詳しく考えてみましょう。国語辞典で「語法」を調べても，「文法」との区別がはっきりしません。

　　語法
　　① 言葉のきまり。文法。
　　② 言葉による表現法。言葉の使い方。「慣用—」（広辞苑）

「語法」に対応する英語である usage を見ると次のように定義されています。

　　usage
　　the way that words are used in a language:
　　（ある言語における語の使われ方）（LDOCE5）

つまり，「語法」とは「語の使用法」のことです。「語法」と「文法」とを対比して考えると容易に理解できるかもしれません。

　　文法：文の構成法に関するきまり。
　　語法：語の使用法に関するきまり。

　文を構成するためには語を使用するので，国語辞典の定義のように，「語法」と「文法」とが重なるのは無理からぬことです。辞書には，意味だけでなく，語の使用法を説明するという目的もあるので，語法欄を設けるのは当然の編集方針と言えます。

2 コロケーション

コロケーションとは、「ある語(句)同士の習慣的な結び付き」(ウィズダム)のことです。「連語」といわれることもあります。たとえば、「寒さが緩む」は自然な表現ですが、「暑さが緩む」はまれです(「和らぐ」は両方に可)。これは、「緩む」は「寒さ」とはコロケーション(連語)を成すが、「暑さ」とはコロケーション(連語)を成すことはまれである、と言い換えることができます。辞書のコロケーション欄には自然な英語を書いたり話したりするために必要な情報が載っています。

英語のコロケーションを調べるにはまず『活用』(p. 159 参照)で調べるのが便利です。『活用』に載っていない語の場合は、信頼できるサイトで、たとえば、「暑さが」という形で検索するのも有効な方法です(必要に応じてワイルドカード使用)。ネット上には不自然な表現も横行しているので、語感の悪い人が書いたブログをうのみにしないよう注意が必要です。

3 コーパス

コーパスとは、本来は、(コンピュータで利用可能な)大量の言語資料を指します。辞書中のコーパス欄は、大量の言語資料から得られた結果を提示しています。上述のコロケーションの頻度もコーパスを利用して検索すれば、ある語がどのような語と連語を成す傾向が強いかを簡単に調べることができます(ただし、意味が異なるとき、頻度だけ見ても何の助けにもなりません)。

辞書作成にコーパスを利用することの利点は、編集者自身が使わない(あるいは知らない)用法を考慮することが可能になり、言語事実を反映する辞書の編集が可能になることです。

2.2. 名詞 (noun /náʊn/)

英語辞典で名詞を引くと,意味のほかに,(1) 複数形,および (2) 可算性に関する情報が盛り込まれています。可算性に関しては §2.2.2 以下で述べますが,当面の目安としては,数詞 (two / three / four など) といっしょに使われて複数形になるかならないかに関する情報と思ってさしつかえありません (例:○ two books; × two waters[2])。

2.2.1. 複数形

調べようとしている語が名詞であれば,ほとんどの中辞典では,[名] という表示の後に複数形とその発音が載っています。大型辞典で複数形が記載されていなければ,book—books, dictionary—dictionaries のように規則的であり予測可能である,ということです。英語辞典の場合,必ずしも大は小を兼ねていません。『G4』からいくつか複数形の例を見ておきましょう (『ウィズダム』等も同様な記述;関連個所のみ引用)。

(2) a. book [名] ((複) ～s /-s/)
 b. child [名] ((複) chil·dren /tʃíldrən, tʃúl-, tʃə́l-,《米》-dərn/)
 c. dictionary [名] ((複) -·ies /-z/)
 d. gas [名] ((複) ～·es,《米ではしばしば》～·ses /-ɪz/)

---

[2] ミネラルウオーターがペットボトルに入っていれば,a mineral water のほか,(buy) two [three, some] mineral waters (ミネラルウオーターを 2 本 [3 本,何本か] (買う)) のように複数形も可能です。

e. genius [名]（(複) 〜・es /-ɪz/, 4 では -・ni-i /-niàɪ/）
　　f. sheep [名]（(複) 〜）
　　g. wife [名]（(複) wives /wáɪvz/）

説明はほとんど不要でしょうが，念のため述べておくと，(2b) では child の複数形は children であること，および children には米では合計 6 つの異なる発音があることが示されています。(2d–e) では，複数形が二つあること，さらに，(2e) では，意味により複数形が異なること (4 の意味 (ここでは「守り神」) では genii, その他の意味では geniuses), (2f) では複数形は見出しの語形 (=単数形) と同じであることが示されています。

2.2.2.　[C] と [U]

　複数形の場合と同様，ほとんどの大型辞典では表示されていませんが，『G4』など中辞典では多くの名詞に [C] か [U], あるいは両方，が表示されています。それぞれ，"countable"（算えることが可能である）と "uncountable"（算えることが不可能である）の略です (以下,「算える」に代えて「数える」を使用)。[C] 表示のある名詞は「可算名詞」, [U] 表示のある名詞は「不可算名詞」と呼ばれます。[C] が付いている可算名詞は数えることができるので，複数形を作れるし，不定冠詞の a/an を付けることも可能です。しかし，多くの名詞は [C] か [U] か明確には区別できません。そのため，多くの名詞は [C] と [U] が並べて表示されています。たとえば，pineapple です。

　　(3)　pineapple [名]
　　　　　1 [C] [U] パイナップル(の実)

2 [C] パイナップル, アナナス (~ tree). (G4：関連個所のみ引用, 以下同様)

このような表記法を初めて見た場合は, pineapple が数えられるのか数えられないのか, いや, どういう意味なのかさえも, よくわからないかもしれません。類例を見てみましょう。同辞典の apple の項目には次のような説明があります。

(4) apple [名] [C]
1 リンゴ. 2 リンゴに似た果実.
[語法] 果実そのままは [C] だが, 果肉をいうときは [U]：Is there apple in this salad? このサラダにリンゴは入っていますか. 果肉を数えるときは a piece of apple, a fragment of apple などという. これは他の果実についても同様. (G4)

(4) 中の [語法] の説明から明らかなように, pineapple の例では,「パイナップル」という意味のときは [C],「パイナップルの実」(あるいは, その果肉) という意味のときは [U] です。果実と果肉との用法の違いに関して,「これは他の果実についても同様」なのであれば, pineapple の項目で「apple 参照」とか "☞ apple" とか参照箇所を示しておくほうが親切です。

　一般的に言って, 可算表示が [C] [U] という順序であるときは, [C] としての用法のほうが優勢であり, [U] [C] という順序であれば, [U] 用法のほうが優勢であることを表します。しかし, (4) の説明のように, 可算性は (形容詞など修飾語句を含めて) 名詞の意味によって決定されるので, [C] [U] あるいは [U] [C] とい

う順序は大まかな目安にすぎない，と考えるべきです。

ところで，例 (3) と例 (4) とで，[C] の位置が異なることに注意してください。pineapple では語義区分の数字のあとに [C] [U] があり，apple では語義区分の数字より前にあります。[C] が 1 の意味より前に記載されていれば，2 の意味も（場合によっては，3, 4 なども）[C] であることを表しています。これに対し，pineapple では語義番号 1 の後に可算表示があるので，[C] [U] は 1 の意味に関してのみ有効です。

他の果物の可算性（[C] か [U] か）も見ておきましょう。以下，左側は『G4』から，右側は『研究社英和中辞典』（第 6 版；以下，『研英中 6』）からの関連個所の引用です。リストが長くなりすぎないように，五つの果物名だけにしておきますが，徹底的に調べようと思えば，apricot（アンズ），blueberry（ブルーベリー），fig（イチジク），grapefruit（グレープフルーツ），peach（モモ），pear（セイヨウナシ），plum（プラム）などの用法も辞書で確認してください。

(5) a. banana [名]
　　　 1 [C] バナナ(の実)；　　　[C] 1 バナナ(の実).
　　　 〘植〙バナナ.　　　　　　 2 〘植〙バナナ.
　　b. grape [名]
　　　 1 [C] ブドウ.　　　　　　 1 [C] [食べ物としては
　　　 2 [C] ブドウの木.　　　　　 [U]] ブドウ《一粒の実》.
　　　　　　　　　　　　　　　　 2 [C] 〘植〙ブドウの木.
　　c. lemon [名]
　　　 1 [C] [U] レモン（の　　 1a [C] レモン(の実).
　　　 実）；[C] レモンの木（〜　 b [C] 〘植〙レモンの木.

tree).	c [U]（紅茶などに入れる）レモン（の風味）.
d. melon [名]	
1 [C]〚植〛メロン.	[C] [食べ物には [U]]
2 [U] メロンの果肉.	〚植〛1（マスク）メロン.
e. orange [名]	
1 [C] オレンジ (sweet 〜);オレンジの木 (〜 tree).	1a [C] [食べ物には [U]] オレンジ.
	b [C]〚植〛オレンジ《木》.

これらの可算性に関する表示を見るかぎりでは,『G4』は一貫性に欠けると言わざるをえません。引用 (4) の [語法] の説明から推測すると, 定義のうち括弧内の「... (の実)」は [U] を表しているつもりと思われます。事実,(5) にあげた果物のうち [C] 表示しかないものも, その「果肉」を表すときは [U] で使われます (例 (6b) 参照)。他方,『研英中 6』の [食べ物には [U]][3] という注記は, (6) のような用法を念頭において読めば, 語の使い方について『G4』よりは詳しい情報を伝えています (もっとも, 冠詞用法の予備知識なしに, この表現の意味するところを理解できるかどうか疑問ですが)。

(6) a. it tasted like the concentrated essence of *apricot*.

---

[3] 『研英中 6』には,「食べ物には [U]」のほか「食べ物としては [U]」,「食品には [U]」という表現もあります。改定のとき, 不統一が見落とされたようです。同辞書第 7 版では (peach を除いて) この注記は削除されて, 可算性は, 多くの場合, [C, U] と表記されています。

　　　　(それはアンズの濃縮エキスのような味だった)

　　　　　　　　　　　　　　　　　　(*New York Times*, Aug 3, 2008)

b. The spicy yogurt sauce with *banana* ... was delicious.

　　(香辛料のきいた，バナナ入りヨーグルトソースはおいしかった)　　　　　(*New York Times*, Nov 25, 1998)

c. The company also offers blends with *cherry* and *blueberry*. (その会社はチェリーとブルーベリーのブレンド品も提供している)　　(*New York Times*, Dec 12, 2007)

果実とその果肉との関係がわかりにくいのと同様，まるごとの野菜と調理用食材としての野菜（の一部）が，それぞれ，原則的に [C] と [U] であることも辞書 (特に，『G4』) の項目を一読しただけで理解できるとは思えません。[4] 興味があれば，下の野菜名に加えて，cauliflower (カリフラワー)，horseradish (セイヨウワサビ；『G4』には項目なし)，mushroom (キノコ)，parsnip (パースニップ)，radish (ハツカダイコン)，zucchini (ズッキーニ) も調べてください。

(7) a. cabbage [名]

　　1 [C] [U] 〘植〙キャベツ；[U] (料理した) キャベツ (の葉)．[語法] 数えるときは two heads [pieces] of cabbage な

　　1 [C] [食品には [U]] キャベツ．

---

[4] celery (セロリ), parsley (パセリ), rice (イネ，米), spinach (ホウレンソウ) などには [C] 用法はありません。

どというが, しばしば two cabbages ともする. cauliflower, lettuce など他の球状の野菜も同様.

- b. carrot [名]

  [C] 1 〖植〗 ニンジン. 　　1a [C] 〖植〗 ニンジン.
  2 [C] [U]（調理された）　b [C] [食べ物には [U]]
  ニンジン（の根）.　　　　ニンジン《根》.

- c. cucumber [名]

  [U] 〖植〗 キュウリ.　　　1 [C] 〖植〗 キュウリ.
  　　　　　　　　　　　　　2 [C] [食べ物には [U]]
  　　　　　　　　　　　　　キュウリ（の実）.

- d. onion [名]

  1 [C] タマネギ.　　　　　1 [C] 〖植〗 タマネギ.
  2 [C] [U] タマネギの鱗　 2 [C] [食べ物には [U]]
  茎.　　　　　　　　　　　タマネギ.

- e. potato [名]

  1 [C] [U] ジャガイモ.　　1a [C] [食べ物としては
  　　　　　　　　　　　　　[U]] ジャガイモ（の塊
  　　　　　　　　　　　　　茎）.
  　　　　　　　　　　　　　b [C] 〖植〗 ジャガイモ.

以上は，利用者が英和辞典の情報を読み取ろうとしても，辞典のほうが情報をきちんと伝えていない例でした。英和辞典の名誉回復のため，意味と可算性の関連をきちんと伝えている例も紹介しておきます。動物([C])とその肉([U])との関係はほとんどの辞

書でわかりやすく表示されています。以下，重複を避けるため，『G4』のみから関連個所を引用します。

(8) a. chicken [名] 1 [C] ニワトリ；(ニワトリの) ひよこ，若鶏. 2 [U] [C] とり肉，チキン，かしわ《◆まだニワトリの原形を留めている場合は [C]》《◆すでにばらされて原形を留めていない場合は [U]》.[5]

b. dog [名] 1 a)《広義》イヌ (犬)；イヌ科の動物の総称. b) [U] 犬の肉.

c. duck [名] 1 [C]《広義》アヒル. [略] 3 [U] カモ [アヒル] の肉.

d. goose [名] 1 [C] (雌の) ガチョウ；ガン (wild ～)；[U] ガチョウの肉.

e. horse [名] 1 [C] 馬；(成長した) 雄馬，ウマ科の動物；[U] 馬の肉.

f. lobster [名] 1 [C] 〔動〕 a) ウミザリガニ，ロブスター. b) イセエビ (spiny ～). 2 [U] 1 の肉.

g. pig [名] 1 [C]《主に英》ブタ，《米》子ブタ. 2 [U] 豚肉 (pork).

h. salmon [名] 1 [C] 〔魚〕 サケ. 2 [U] サケの身.

i. trout [名] 1 [C] 〔魚〕 マス，トラウト；(河川生活性の強い) サケ科魚類《レイクトラウト (lake ～)，ニジマス (rainbow ～) など》；[U] その肉.

---

[5] 原形を留めているかいないかによる [C] [U] の相違の別例としては beef (肉牛の胴体；牛肉) 参照。

j. tuna [名] 1 [C]〔魚〕マグロ (tunny)(類)(など).
   [U] = ～ fish.　　　〔注：tuna fish = マグロの肉，ツナ〕
k. turkey [名] 1 [C] シチメンチョウ（七面鳥）; [U] その肉.

『G4』など多くの英語辞典では，日本でポピュラーな carp（コイ）や catfish（ナマズ），eel（ウナギ）には [U] 表示はありません。[6] どんな動物が食卓に上るかは伝統・文化に根ざしているので，英語圏で食用にされない動物は，ふつう，[U] 表示されないのです。たとえば，octopus（タコ）はほとんどの英英辞典では [C] のみです。これは，「英米では〔タコは〕人の血をしぼる悪魔を連想させ，ほとんど食用にしない」ためです（ジ英大，G4, sv, octopus）。[7] 鯨肉を食べたことのある人も多いと思いますが，反捕鯨団体への配慮からか，whale（クジラ）に"[U] クジラの肉"という意味を認めている英語辞典はありません。しかし，辞典には載っていなくても，eel や whale を無冠詞単数形で（つまり，不可算名詞として）用いれば「ウナギ（の蒲焼）」，「鯨肉」という意味を表します。このことは，ふつうは食材とされないもの（例：靴 (9c)）にも当てはまります。辞典の記述を越えて判断することも大切です。

---

[6]『ウィズダム』には，catfish と eel に関しては，[U] 用法が記載されています。

[7] OALD が octopus に [U] 用法を認めているのは，編集者の A. S. Hornby が日本に滞在経験があり，日本の食習慣を知っていたためと思われます。ちなみに，『ジ英大』は上記の解説の直後に，"Octopus is eaten in many parts of the world. タコは世界の多くの地域で食用にされる."という，解説と矛盾する内容の例文をあげています。

(9) a. Japanese people traditionally eat *eel* on the hottest days of summer to combat the heat.

(日本人は伝統的に暑気払いのため土用にウナギを食べる)

(*ABC Online*, Feb 23, 2006)

b. Very few Japanese eat *whale* anymore.

(もう日本人は鯨肉を食べることはほとんどない)

(*New York Times*, Feb 17, 2011)

c. Vitello tonnato ... tastes like sliced *shoe*.

(ビッテロトナート〔料理名〕はスライスした靴のような味がする) (*New York Times*, Apr 14, 2010)

[C] と [U] の関連性は，(枝葉の付いた) 樹木と (建材・資材としての) 材木，動物とその毛皮などにも見られるので，いくつかの項目 (例：box (ツゲ), cedar (シーダー), cypress (イトスギ), oak (オーク); beaver (ビーバー), chinchilla (チンチラ), fox (キツネ), goat (ヤギ), mink (ミンク) など) を調べて，辞書が伝えようとしている情報を読み取ってください。

(10) a. cherry [名]

2 [U] サクラ材 (〜 wood)；[C] サクラの木 (〜 tree).

2a [C]〔植〕サクラ (の木).
b [U] サクラ材.

b. alligator [名]

1 [C] アリゲーター；《広義》ワニ.
2 [U] ワニ皮.

1 [C] a〔動〕アリゲーター.
b [U] ワニ革.

2 品詞ごとの情報を読み取る 33

以上に加えて，ジャンルと作品，犯罪名と犯罪行為に関しても同じ名詞が [C] と [U] とに使い分けられます．(11) のほか，burlesque (バーレスク), farce (笑話), parody (パロディ), tragedy (悲劇); adultery (不倫), burglary (押し込み), fraud (詐欺), murder (殺人) なども同様です．

(11) a. comedy [名]
       1 [U] 喜劇，喜劇文学 (⇔ tragedy); [C] (一編の) 喜劇 (cf. farce).
       1 [U] [個々には [C]] 喜劇．
    b. theft [名]
       1 [U] [C] 盗み，窃盗 (罪) (stealing) (cf. thief); 〔…を〕盗むこと〔of〕.
       [U] [具体的には [C]] 盗み，窃盗．

地位・役割などを表す名詞が無冠詞で使われる場合，語の意味としては記載されず，例文で解説されるのが慣例です．以下は『G4』からの引用です．

(12) a. captain [名]: He is (the) *captain* of the team. 彼はチームの主将だ《◆《略式》では無冠詞がふつう》．
    b. name [動] (他): 4 《正式》[SVO (as [to, to be]) C] 〈人が〉〈人〉を C〈役職など〉に指名 [任命] する (appoint), 選ぶ ‖ The president named him (as [to be]) *Secretary of Defense*. 大統領は彼を国防長官に指名した《◆C は名詞(句)で通例無冠詞；as, to be

c. president [名]: be「elected (as) [inaugurated as] *president* of the United States 米国大統領に選ばれる [就任する]《◆補語で職務・地位などを表す場合は一般に無冠詞》.[8]

建物などがその本来の目的を表すときの無冠詞用法は，語義として記載されるのがふつうです．

(13) a. church [名]: 2 [U] [無冠詞で] (教会の) 礼拝 (service)，(礼拝の場所としての) 教会 ‖ in [at] *church* 礼拝中に [で，の] / *Church* begins at ten. 礼拝は10時に始まる．

b. prison [名]: 2 [U] [通例無冠詞で] 刑務所に入れる [入れられる] こと [期間]；投獄；拘置 ‖ escape from *prison* 脱獄する．

c. school [名]: 1 [U] [無冠詞で] (制度としての) 学校 (教育)；授業；就学期間 ‖ go to *school* 学校に行く；学校に通っている．

d. port [名]: 1 [通例無冠詞で] (客船・商船などの寄港する) 港，商港；内陸部の港 ‖「sail into [arrive in, come into, reach] *port* 入港する / leave [clear] *port* 出港する．

---

[8] elected の前の"「"は入れ替え可能な表現が後続することを表します．『ジ英大』にはなかった記号です．なお，as の後の名詞は，厳密には，補語というより，前置詞の目的語（または補語相当語句）と呼ぶほうが適切と思われます．

特定の前置詞などの後で名詞が無冠詞で使用される場合は，成句として記載されています．

(14) a. at bat 〚野球〛(1) 打席について．(2) [名] 打数，打席《◆通例 at-bat で》．
 b. by hand (1)（機械でなく）手で；（印刷・タイプでなく）手書きで．(2)（郵便・E メールでなく）手渡しで．(3)（母乳でなく）人工栄養で．
 c. touch bottom (1)〈足が〉水底にとどく；〈船が〉座礁する．(2)《略式》〈値段などが〉底をつく．(3) 最悪の状態になる．

ちなみに，語の意味（語義）の下位区分には括弧なしで 1, 2, 3 ...が使用されますが，成句の意味（句義）の下位区分には，丸括弧に囲まれた (1), (2), (3) ... が使用されるのが慣例です．

2.2.3. [U] と a/an

不可算名詞に関して次のように推論している人も多いのではないでしょうか：不可算名詞は数えることができない，a/an は「ひとつの」という意味である，ゆえに，不可算名詞の前に a/an を付けるのは間違いである，と．たしかに，不可算名詞は one/two/three など数詞といっしょに使用されることはありません．しかし，(15) のように，[U] とされる名詞が a/an をとる例は頻繁に見られます．上の推論の間違いの原因は，"a/an = one" という誤解にあります．a/an は「後続部分がひとまとまりのものであることを表す」のであり，必ずしも「ひとつの」という意味ではありません．したがって，a/an は数えられない名詞に付けられること

もあります。多くの辞書は不可算名詞が a/an をとることを記述しているので（ただし，(15a-e) のように，表現はさまざまです），それを見落とさないよう注意が必要です。『G4』からの引用を続けます。

(15) a. esteem [名] [U] 1《正式》[時に an 〜]〔…に対する〕尊敬，尊重 (respect)；好意的な意見；名声〔*for*〕‖ I have [×pay] a great (deal of) *esteem* for you. あなたにはとても頭が上がりません．

b. fondness [名] 1 [U]〔…に対する〕愛情，愛着；溺愛〔*for*〕．2 [a 〜]〔…に対する〕好み，趣味〔*for*〕‖ She has a *fondness* for argument. 彼女は議論好きだ．

c. knowledge [名] [U] 1 [集合的に] 知識；学識，学問．2 [*or* a 〜] 知っている［知る］こと；精通，熟知．

d. love [名] 1 [U]［しばしば a 〜]〔肉親・友人・祖国・動物などへの〕愛情，いつくしみ〔*for*〕‖ He felt a great *love* for his father [country]. 彼は父親［祖国］への愛を強く感じた．

e. temper [名] 1 [U]《略式》[通例 a 〜] かんしゃくを起こした状態；怒りっぽい気質，腹立ち ‖ fly [get] into a *temper* かっとなる．

抽象名詞が個別事例を表すときも a/an が付けられます。

(16) a. allure [名] [U] [*or* an 〜] 魅惑（するもの）；（個人的な）魅力．

b. bother [名] 1 [U] （ちょっとした）面倒, 厄介 (trouble)；騒ぎ. 2 [a ~]〔…にとって〕悩みの種, 厄介なもの (nuisance)〔*to*〕∥ The lazy student is a *bother* to her. その怠惰な学生が彼女にとって頭痛の種だ.

c. disgrace [名] 1 [U] （人または自分の行為による）不名誉, 不面目 (cf. dishonor), 恥 (shame). 2 [a ~]〔…の〕不名誉［不面目, 恥］となる人［物, 事］, 面(つら)よごし〔*to*〕∥ He is a *disgrace* to the city [school]. 彼は市［学校］の恥さらしだ.

英英辞典では, a/an と不可算名詞との共起は "singular" (単数) または "sing" で表されています. ただし, この共起を指摘していない英英辞典もあります. また, (18a) のように, 可算性を表示しないで, いきなり句を示す場合もあります.

(17) temper

a. noun 3 [singular, uncountable] the way you are feeling at a particular time, especially when you are feeling angry for a short time **in a temper** *It's no use talking to him when he's in a temper.* (LDOCE5)

b. noun 2 [singular/uncountable] a particular emotional state or mood **in a good temper**: *He seems to be in a good temper.* (MED2)

c. NOUN 1 [countable, usually singular, uncountable] if sb has **a temper**, they become angry very easily:

*a **violent/short/quick**, etc. **temper**.* (OALD8)

["sb" に関しては, p. 62 参照]

(18) disgrace

a. noun 2 **be a disgrace** used to say that something or someone is so bad or unacceptable that the people involved with them should feel ashamed: *The UK rail system is a national disgrace.* (LDOCE5)

b. noun 2 [singular] someone or something that you should feel guilty or sorry about because they are very bad *Hawkins described the team's performance as a disgrace.* (MED2)

c. NOUN 2 [singular] **a disgrace** (**to sb/sth**) a person or thing that is so bad that people connected with them or it feel or should feel ashamed: *Your homework is an absolute disgrace.* (OALD8)

["sb/sth" に関しては, p. 62 参照]

補習授業　a person と one

英和辞典では，不特定の人を表すのに a person（または someone, O, A）が頻繁に用いられます（英英辞典では somebody）。

(1) a. give a person a call　人に電話をする．　（研英大）
    b. give someone a bell　人に電話する．　（研英大）
    c. give O a bell《英略式》…に電話する．　（ジ英大）
    d. give A a bell《英・くだけて》A〈人〉に電話する．

(ウィズダム)

(2) a. give a person the eye《口語》（感心して人に）見とれる，人に色目を使う（cf. glad eye）；人をじろりと見る．

(研英大)

  b. give O the (glad [big]) eye = give the (glad [big]) eye to O《略式》〈人〉に色目を使う．　（ジ英大）

これと，一見，よく似た使われ方をする語に one (one's, oneself) があります。

(3) a. give one's eyes《口語》〈…するためには〉目だってくれてやる，どんな犠牲もいとわない：I would *give my eyes to* go with you. ご一緒できるのならどんなことでもします．　（研英大）

  b. give one's eyes for O〈人・物〉のためなら何でもする．

(ジ英大)

(2) と (3) を比べればわかるように，両者は使い分けられています。a person（または，someone, O, A）は主語と別人を指すときに，one は主語と同じ人物を指すときに，用いられます。このことは，次のような例で特に明白です。

(4) a. clasp a person in one's arms [to one's bosom]
人をしっかと抱きしめる．（研英大）

b. give a person one's company
人と付き合う．（研英大）

c. give A one's best shot
A〈人・仕事など〉に対して最善を尽くす．（ウィズダム）

下の (5), (6) では例文と訳文の角括弧の対応に注意が必要です．(7) では a person's を用いるか one's を用いるかでまったく意味が異なります．

(5) keep a person's [one's] nose to the grindstone
休む暇もなく働かせる［働く］, ぎゅうぎゅう言うほど勉強させる［こつこつ勉強に励む］．（研英大）

(6) at one's own [a person's] risk
自分［人］の責任において．（研英大）〔『ジ英大』は at one's (own) risk と at O's risk とは別項目〕

(7) a. ***bust a person's chops*** 《米口》小言を言う, 批判する ■ Donahue *busted Clinton's chops* on national television over his trip to Moscow. ドナヒューはモスクワへの旅行の件でクリントンを全国向けテレビで批判した.
(三イ辞)

b. ***bust one's chops*** 《米口》努力する, がんばる ■ I *busted my chops* for three years and passed all the courses. 私は3年間がんばって全課程を修了した．（三イ辞）

2.3. 動詞 (verb /vɚ́b/)

英語辞典で動詞を引けば，意味以外に，(1) 活用形 (過去形，過去分詞形，三単現の語形，現在分詞形)，(2) 自動詞・他動詞の区別，および (3) 文型 (補語をとるかとらないか，どういう前置詞がその動詞といっしょに用いられるか，など) に関する情報が盛り込まれています。このほか，辞書によっては，(4) 受動態・進行形・命令形などをとるかとらないかが注記されている場合もあります。

2.3.1. 活用形

見出し語が動詞であれば，[動] (または，v. など) という品詞表示の後に，動詞の活用形が記載されています。ただし，大型辞典では，名詞の複数形の場合と同様，予測可能な形式は省略されています。紙の辞書ではたいてい巻末に不規則動詞の一覧表が付いているので，その存在を確認しておいてください (電子辞書では収録されていないようです)。

(19) listen〔規則動詞〕
    a. 活用形記載なし （ラ英大など）
    b. [動] (〜s /-z/；〜ed /-d/；〜・ing) （G4 など）
(20) read〔不規則動詞〕
    a. v. (read [réd], read・ing [ríːdiŋ]) （ラ英大）
    b. v. (read /réd/) （研英大など）
    c. [動] (read /réd/) （ジ英大など）
    d. [動] (〜s /ríːdz/；read /réd/；〜・ing) （G4：ウィズダムなどもほぼ同じ）

(21) write〔不規則動詞〕

a. *v.t.* (wrote [róut] or《古》writ [rít]; writ·ten [rítn] or《古》writ; writ·ing)　(ラ英大)

b. *v.* (wrote /róut/,《古》 writ /rít/; writ·ten /rít'n/,《古》writ)　(リ英和)

c. *v.* (wrote /róut | rə́ut/,《古》writ /rít/; writ·ten /rítn̩/,《古》writ /rít/)　(研英大:研英中もほぼ同じ)

d. [動] (wrote /róut/ or《古》writ /rít/, writ·ten /rítn̩/ or《古》writ /rít/)　(ジ英大)

e. [動] (〜s /ráɪts/; wrote /róut/ or《古》writ /rít/, writ·ten /rítn/ or《古》writ /rít/; writ·ing)　(G4;ウィズダムなどもほぼ同じ)

f. [動] (wrote,《古》writ; writ·ten,《古》writ; writ·ing)　(プログレッシブ)

(19)–(21)が示すように，どの英和辞典も共通に従っている約束ごとは，不規則動詞の過去形・過去分詞形は必ず記載する，ということです。『プログレッシブ』のように発音を表記していない辞書もありますが，多くの辞書では発音も示されています。もしも過去形と過去分詞形とが同一であれば，その同一形式のみが示されます。

英英辞典の多くも過去形・過去分詞形のみを示しています。

(22) f. *verb* (*past tense* **wrote** /rəut $ rout/, *past participle* **written** /ˈrɪtn/)[9]　(LDOCE5)

---

[9] "$" は米式発音を表します。

g. *verb* (wrote /rəʊt/; *NAmE* /roʊt/, writ·ten /ˈrɪtn/) (OALD8)

h. *verb* **wrote**, **written** or OLD USE **writ**　(CALD3)

2.3.2.　自動詞と他動詞

　動詞の活用形の次には，その動詞が自動詞（(自)，*v.i.*, *vi.*）であるか他動詞（(他)，*v.t.*, *vt.*）であるかが表示されています。自動詞と他動詞の両用法を持つものもあります。

　ところで，「自動詞」および「他動詞」とはどういうことでしょうか。まず，英語の "transitive"（他動詞）を OED（オックスフォード英語辞典）で調べると，次のように定義されています。

(23)　*Gram*. Of verbs and their construction: Expressing an action which passes over to an object; taking a direct object to complete the sense.

　　　（〚文法〛動詞およびその構文に関して：目的語に及ぶ行為を表す，意味を完結させるには直接目的語をとる）

この定義によると，英語では他動詞とは，意味的な観点から動詞の作用が目的語に移っていく（transit）ことと理解されています。

　しかし，日本人にとっては，意味によって自動詞・他動詞を区別するのはほぼ不可能なので，OED の定義にあるように，「他動詞」とは目的語をとる動詞であると考えるのが実際的です。つまり，「他動詞」とは「他の要素（＝目的語）を伴って述部を構成する動詞」であり，「自動詞」とは「目的語を必要とせず，自ら述部を構成する動詞」であると解釈できます。具体例をあげると，live も inhabit も「住む」という意味ですが，前者は自動詞，後者

は他動詞です。

(24) live
   a. *v.i.* [4]〈人・動物が〉(場所に)住む,住んでいる,居住している《*in, at*》. (ラ英大)
   b. [動] (自) 1a 住む. (研英中)
   c. *vi.* 1 住む,居住する；生息する. (研英大)
   d. [動] (自) 1〈人が〉(ある場所に)住む,居住する. (ウィズダム)
   e. [動] (自) 1〈人・動物が〉(場所に)住む,住んでいる,居住する. (G4)

(25) inhabit
   a. *v.t.* [1]〈人・動物が〉〈ある場所に〉住む,生息する. (ラ英大)
   b. [動] (自) 1〈人・動物が〉〈場所に〉住む,居住する. (研英中)
   c. *vt.* 1〈民族・動物などが〉〈場所〉に住む,居住する. (研英大)
   d. [動] (自) 1〈人・動物などが〉〈場所〉に居住している. (ウィズダム)
   e. [動] (他) 1〈通例人間・動物の集団が〉〈ある場所〉に住んでいる,居住する (live in). (G4)

同じような意味ですが,辞書によって訳語中の助詞の有無に相違があることに注意してください。live の場合はどの辞書も「に」を訳語の一部とはしていません。ところが, inhabit の場合,(25c-e) は「に」を括弧の外に出して,訳語の一部としています。

これは inhabit が他動詞であることを訳語に反映させようとする試みです。辞書によっては arrive (at) と reach および enter (自, 他) の訳語にも同様な工夫が見られます。『研英大』から関連個所を引用しておきます。他の辞書の訳語は自分で確認してください。

(26) a. arrive *vi.* 1a〔目的地に〕着く, 到着する, 現れる〔*at, in, (up)on, over*〕.
   b. reach *vt.* 1a〈目的地・行先・宛名など〉に届く, 達する, 着く, 到着する (arrive at [in], come to, get to).

(27) enter
   a. *vi.* 1 はいる.
   b. *vt.* 1〈場所・体内など〉にはいる, はいり込む；貫通する (penetrate)；〈頭・心など〉に浮かぶ.

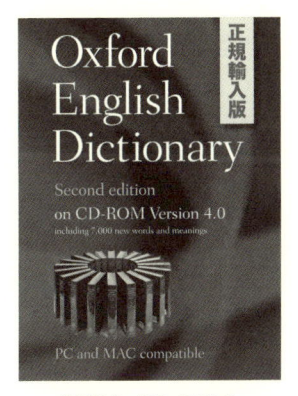

OED2 (CD-ROM)
(世界最大の英語辞典)

Sir James A. H. Murray
(OED 初代編纂者)
(Wikipedia より)

2.3.3. 文型

　ほとんどの英和辞典では何らかの形で文型が表示されています。「文型」とは，本来，「文の基本的構成要素（主語・目的語・補語・動詞など）の有無や配列などに基づいて，いくつかの類型に分類した文の型」(広辞苑)を指します。英和辞典の文型表示との関連で言えば，文型とは，動詞（または形容詞）を中心として，主語・目的語・補語などのどれがどういう順序で配列されるか，を指します。目的語が必要か不要か，必要な場合，目的語は一つか二つか，補語が必要か不要かなどは動詞ごとに決まっているので，英文法でいう文型は，動詞（形容詞）がとる型(パターン)と同義です。

　少し遠まわりに思われるかもしれませんが，文型（または動詞パターン）に関して日本語のわかりやすい例を見ておきましょう。次は新聞で見かけた投稿記事です（投稿者名など不詳）。Aさん宅にXさんから電話がかかってきました。

(28)　A：　はい。
　　　X：　あっ，お母さん。できてたのよ。
　　　A：　何が？
　　　X：　赤ちゃん。
　　　A：　それはおめでとう。
　　　X：　これから彼と帰ります。

実は，Aさんには妊娠しそうな娘さんもお嫁さんもいないので，間違い電話だったというのがこの投書のオチです。間違いだったにもかかわらず，会話がちゃんと成立したポイントは（相手を確認しなかったことに加えて）二つあります。第一は，「できてたのよ」に対する「何が」という質問。第二は「赤ちゃん」という答えに

対する「おめでとう」という応答です。どちらもごく自然な反応です。

　文型と関連があるのは，第一の受け答えです。「できてたのよ」だけではAさんにとっては情報不足だったので，Aさんはつい「何が」と電話相手に尋ねたのです。つまり，「できる」は主語を必要とするのです。主語が必要であることは，「できる」に限らず，すべての動詞に当てはまります。文脈・状況から明らかなため省略可能な場合を除けば，動詞に主語があるのは当たり前なので，英語辞典の文型表示では主語 (subject, S) はしばしば省略されます。ちょうど予測可能な複数形や過去・過去分詞の記載がないのと同様です (§ 2.2.1, § 2.3.1)。

　次は，架空の社長と秘書との会話です。下線部で社長はどう質問するか想像してください。

(29)　社長：　あの書類はどうした？
　　　秘書：　はい，置いておきました。
　　　社長：　＿＿＿＿＿＿＿＿＿＿？

ほとんどの人は「どこに？」という質問を想像したのではないでしょうか。「置く」は「場所」に関する情報を必要とするので，「置いておきました」だけでは社長の最初の質問にちゃんと答えたことになりません。これに対し，社長が「いつ？」と質問するとは，たぶんだれも想像しないでしょう。「置く」という動詞にとって，「場所」は必要な構成要素ですが，「時間」は必ずしも必要ではないからです。

　以上の日本語の例を頭の片隅において，put に関する英和辞典の説明を読んでみましょう。

(30) put

 a. *v.t.* (1)《場所の副詞(句)を伴って》〈物を〉(ある場所・位置に)置く,載せる,入れる,出す;中に入れる《*inside*》. (ラ英大)

 b. *vt.* 1 [場所の副詞語句を伴って] 置く,据える,載せる,付ける,入れる. (研英大)

 c. [動] (他) 1 置く:a [副詞(句)を伴って]〈もの・人を〉(ある場所に)置く,載せる. (研英中)

 d. [動] [III [名] [副]]〈物を〉(ある場所・位置に) 置く,載せる,入れる. (プログレッシブ 4;第 5 版では文型表示なし)

 e. 1 〚put A +[副]〛A〈物など〉を(…に)置く,載せる,入れる,付ける,しまう ([!] [副] は場所・方向の表現;日本語と違って省略不可能). (ウィズダム)

 f. [動] (他) 1 [SVOM]〈人が〉O〈物〉を…に置く,のせる,入れる,出す;…を…に向ける,動かす,持っていく;…を(位置に)(取り)つける,当てる《◆場所を表す副詞(句)を伴う》. (G4)

(30f) から見ていきます。英語の 5 文型[10] でおなじみの形式に似ていますが,少し違います。"M" は,その動詞が必要とする "Modifier" (副詞的修飾語句) のことです。(30f) の場合,SVO (主語・動詞・目的語) の後に「場所」を表す副詞的修飾語句 (M) が必

---

[10] 第 1 文型:SV, 第 2 文型:SVC, 第 3 文型:SVO, 第 4 文型:SVOO, 第 5 文型:SVOC。(S=subject (主語), V=verb (動詞), C= complement (補語), O=object (目的語)。)

要であり，ふつう，この順序に配列されるという情報を伝えています。副詞的修飾語句は省略可能な場合もありますが，[SVOM] という文型の場合は省略不可能であることに注意してください（本章注 12 も参照）。

(30f) の文型表示の意味がわかれば，(30a-e) を理解するのは容易でしょう。主語 (S) は，すでに述べたように，あるのが当たり前なので記述は省略されています。主語の後に動詞 (V) が続くのも当たり前なので，(30a-d) では，言及されていません。put が他動詞であり，目的語 (O) をとることは，(30a, c, d) では，"*v.t.*" および "(他)" に加えて，"〈物を〉"/"〈もの・人を〉" によって表されています。[11] 場所の副詞語句が必要であることも項目中で説明されています。

(30d) の "III" は put が第 3 文型で用いられることを表し，[名] は目的語として名詞(相当語句) がくること，[副] は副詞語句が後続することを表しています。つまり，『プログレッシブ 4』の "[名] [副]" は『ジーニアス』の "OM" に相当します。

(30e) では，文型が (30a-d) よりも詳しく表記されています。S は表記されていませんが，動詞は put であることが記され，目的語は "A" によって示され，副詞的要素が必要であることは "＋[副]" によって表示されています。『ウィズダム』の "A＋[副]" は，『プログレッシブ 4』の "[名] [副]"，『ジーニアス』の "OM" に対応していることになります（ただし，これらがいつも完

---

[11] 『研英大』では目的語の種類が一般的である場合は言及しない方針のようです。目的語が特定のものに限定されている場合は，同辞書でも説明があります。例：make *vt.* 1a 〈道路などを〉敷設する，建設する，造営する；〈詩歌・文章などを〉書く，つづる。

全に対応しているわけではありません)。

ところで，(30e-f) では，「...に住む／はいる」の場合と同様に，格助詞の「を」が訳語の一部として扱われていることに注意してください。put が他動詞であることが訳語に反映されているのです。

"M"（あるいは "[副]" または "+[副]"）の例をもう少し見ておきましょう。『研英大』（左側）と『G4』（右側）から関連個所を並べて引用するので，説明法は違っていても，両辞書ともほぼ同じ内容の情報を伝えていることを読み取ってください。

(31) face (look「面している」も参照)

v.i. 2 〈建物などが〉〔ある方向に〕向いている, 〔ある場所に〕面する〔*on, onto, to, toward*〕: an office *facing* out *on* [*onto*] Times Square タイムズスクウェアに面する事務所.

[動] (自) [SVM] 〈人・物が〉〔…の方向に〕向いている〔*to, toward* など〕；〔場所に〕面している〔*on, onto*〕 ‖ The house *faces* to the south [on to a lake]. 家は南向きだ［湖に面している］.

(32) have

vt. 16 [場所・方向を示す副詞を伴って] ...させる: *have* somebody [something] *in* [*out, back, off*] 人［物］を入れる［出す, 返す, 去らせる］.

(他) 13 [SVOM] 〈人が〉O〈人・物など〉を…に動かす, 持って行く, 連れて行く；〈人〉を招く, もてなす《◆ M は場所・方向の副詞(句)》 ‖ *have* one's tooth out 歯を抜いてもらう．

(33) stay (live も参照)
vi. 1 （ある場所に）とどまる (remain)；じっとしている：*stay* in bed 床の中にいる．

［動］（自）1 [SVM]〈人などが〉(場所に)とどまる，とどまっている，いる ‖ Do I have to *stay* in bed? (病院で)寝ていないといけませんか．

"M"（あるいは"(+)[副]"）は，「場所」・「方向」のほか，「様態」（例：(34)）や，「材料」（例：(35)），「対象」（例：(36), (37)）を表す場合もあります．

(34) treat
vt. 1a 〈人・動物などを〉(特定の仕方で)待遇する，遇する，あしらう，扱う：*treat* one's servant [dog] *kindly* [*badly*] 召使［犬］を親切に［ひどく］扱う．

［動］（他）1 [SVOM]〈人が〉O〈物・人・動物〉を〔…として / …のように〕扱う，待遇する，取り扱う〔*as* / *like*〕；〈新聞などが〉〈事件など〉を扱う《◆Mは様態の副詞(句)》‖ *treat* animals kindly [cruelly] 動物を優しく扱う［虐待する］

(35) cover (fill も参照)

vt. 2a 〈物を〉〔...で〕覆う, 包む, くるむ (wrap up)；...の上に覆いかかる〔*with*〕：*cover* a plant *with* straw 植物にわらの覆いをする.

[動] (他) 1 [SVO (M)][12] 〈人・物が〉〈物・人〉を〔...で〕覆(おお)う, 包む, ...に〔...を〕かぶせる (+*up*)〔*with*, *by*, *in*〕‖ *cover* a table with a cloth 食卓にテーブルクロスを掛ける, 食事の用意をする.

(36) specialize (major/minor も参照)

vi. 1 〔...を〕専攻する, 専門に研究する, 専門にする〔*in*〕：*specialize in* English literature 英文学を専攻する.

[動] (自) [SVM] 〈人などが〉〔...を〕専門にする, 専門に研究する, 専攻する〔*in*〕；〈店などが〉〔...を〕専門に扱う〔*in*〕‖ *specialize* in East Asian history 東アジア史を専攻する.

(37) talk

vi. 1a 口をきく, しゃべる, 話す, 語る：*talk about* [*of*] old times [one's family, the weath-

[動] (自) 1 a) [SVM] 〈人が〉〔...について〕話す, しゃべる, 講演する〔*about*, *of*, *on*, *upon*〕‖

---

[12] "( )" は「用いたり用いなかったりする部分」を表します. したがって, "(M)" は, 副詞的修飾語句が必ずしも表現されないこと表します.

er] 昔［家族, 天気］のこ とを話す. Let's *talk* about something else. 話題を変えよう.

　ここで, 英文法では 5 文型（本章注 10 参照）がよく知られているのに, なぜ "M"（または, "(+)[副]"）が導入されたのか考えてみましょう. 従来の 5 文型では副詞的要素はすべて文型の対象外とされています. たとえば, 第 3 文型の They ... loved it on sight.（彼らは一目でそれ〔アパート〕が気に入った）(*New York Times*, Feb 3, 2008) における "on sight" は意味的に必須の要素ではありません. 手元の辞書で love（動詞）を引いてみれば, "M"（あるいは "(+)[副]"）は記載されていないはずです. これに対し, 同じく第 3 文型とされる ((30d) 参照) I put the book on the desk.（その本を机の上に置いた）(G4, sv, *on*) の場合は, 副詞語句の "on the desk" なしでは意味をなしません. つまり, 動詞が必ずしも必要としない副詞語句と動詞がぜひとも必要とする副詞語句とがあるわけです. 従来の 5 文型ではカバーしきれない文型があるので, より正確な文型表示のために "M"（あるいは "(+)[副]"）が導入されたのです. 『ジーニアス』では次の 7 つの文型を認めています.

　第 I 文型
　　SV　　　主語＋動詞
　　SVM　　主語＋動詞＋副詞的修飾語(句)
　第 II 文型
　　SVC　　主語＋動詞＋補語

第 III 文型
SVO　　　主語＋動詞＋目的語
SVOM　　主語＋動詞＋目的語＋副詞的修飾語(句)
第 IV 文型
SVO₁O₂　主語＋動詞＋間接目的語＋直接目的語
第 V 文型
SVOC　　主語＋動詞＋目的語＋補語

"M"という記号を初めて見ると几帳面な人は心に何かひっかかったような気持ちになるかもしれませんが(無頓着な人は見落とすだけかもしれませんが)，落ち着いて凡例(はんれい)を読めば，実は，従来の5文型の知識があればじゅうぶん理解可能であることがわかります。品詞の判定との関連でも述べたように(§2.1)，ある程度は文法の知識があるほうが辞書を引くときに有利です．

　ところで，上記の talk (例 (37)) と同じ構文ですが，『G4』では boast の文型は，[SVM] ではなく，下のように表示されています．

(38)　boast [動] (自) [SV **of** [**about**] O] ⟨人が⟩ O ⟨人・物・事⟩を〔人に〕自慢する，鼻にかける〔*to*,《英》*with*〕‖ *boast* of [*about*] one's cleverness 自分の利口さを鼻にかける．

"M"が使われていないのは，選択できる前置詞が of (または about) に限定されているためと推測されます．このような場合，『ジーニアス』では前置詞は文型の一部として表示され，その他の辞書では，選択される前置詞は，通例，訳語のあとに括弧に入れ

て示されています。比較のため，『研英大』（左側）と『G4』（右側）から関連個所を引用しておきます。

(39) accuse (blame [*for*] も参照)
vt. 1 b 〈人を〉〔…のかどで〕告発[告訴]する，（正式に）起訴する〔*of*〕: *accuse* a person *of* theft 人を窃盗(せっとう)(罪)で訴える．

[動] (他) [SVO₁ **of** O₂] 1 〈人が〉O₂〈犯罪・悪徳など〉の理由でO₁〈人〉を訴える，告発[告訴]する ‖ *accuse* her of stealing [having stolen] a car 彼女を車の窃盗罪で訴える．

(40) compare
vt. 1 〔…と〕比較する，対照する，比べる〔*with, to*〕: *compare* his book *with* [*to*] hers 彼の本を彼女の本と比べる．

[動] (他) 1 [SVO]〈人が〉〈二つ以上の物・事・人〉を比較する，[SVO₁ **with** [**to**] O₂]〈人が〉O₁〈人・物・事〉をO₂〈人・物・事〉と比較する，比べる ‖ *compare* his work with hers 彼の作品を彼女の作品と比較検討する．

(41) consist
vi. 1 〔部分・要素から〕成る〔*of*〕: The household *consisted of* four women. その家は4人の

[動] (自) 1 [SV **of** O]〈団体・物・事などが〉O〈人・部分・要素〉から成り立つ，成り立っている ‖

女世帯だった.

The Kinki Chemical Society *consists* of about 2,000 members. 近畿化学協会は約 2000 名の会員からなっている.

(42) deprive (rob も参照)

vt. 1a ... から〔... を〕奪う, 奪い取る〔*of*〕; ... に〔権利などの行使を〕許さない, 拒む〔*of*〕: Age *deprived* him *of* his hearing. 老齢のため耳が聞こえなくなった.

[動] (他) [SVO$_1$ **of** O$_2$]〈人・物・事が〉O$_1$〈人・物〉から O$_2$〈人・(重要・必要な)物・地位・慰安・能力など〉を奪う ‖ They *deprived* him of his freedom. 彼らは彼の自由を奪った.

動詞に動名詞が続くか不定詞が続くかを調べるには，簡単な約束ごとを知っていなければなりません。文型表示のためには，ふつう，「動名詞」「不定詞」という用語は使われず，代わりに "do**ing**" ("ing" のみボールド体 (太字体)，またはイタリック体 (斜字体)) および "**to** do" ("to" のみボールド体，またはイタリック体) が用いられる，ということです。

(43) like (hate, love「(するのが)好きである」も参照)

vt. 1a 好む, 好く; [do*ing*, *to* do を伴って]〈...することが好きである: I don't *like* troubl*ing* [to

[動] (他) 2 [SV **to** do / SV do**ing**]〈人が〉...するのが好きである, ...することを好む ‖ Children trouble] others. 他人に迷惑をかけるのは嫌いだ.

like playing more than studying. 子供は勉強より遊ぶ方が好きだ / She *likes* to go for a walk on Sundays. 彼女は日曜日には散歩に行くことにしている.

動詞が"目的語+過去分詞"を従えるときも,「過去分詞」という用語は使われません.この場合は,"p.p."と英語で表記されるか,"done"で代表されるかのいずれかです.

(44) get (allow, have も参照)

vt. 18 [目的語+p.p. を伴って (cf. have¹ 13)] a [使役的] ...を...させる, ...してもらう: Where can I *get* this printed? どこでこれを印刷してもらえるだろうか.[13]
b [受動的] ...を...される: He *got* his ankle sprain*ed* while running. 走っているうちに足首をねんざした.

[動] (他) 16 [SVO done]
a) [使役] [get に通例強勢を置いて]〈人が〉(時間と労力を要することについて) O〈物〉を…してもらう, させる ‖ *Gét* the curtains washed. カーテンを洗ってもらいなさい.
b) [被害]《略式》[done に通例強勢を置いて]〈人が〉O〈自分の物〉を…される ‖ Be careful not to

---

[13] 厳密に言えば,"printed"は,"print*ed*"の誤植です.

　　　　　　　　　　　　　　　　get [×have] yourself burned. やけどしないように注意しなさい.

　動詞の目的語が節であるときは，次のように that あるいは wh を用いて表示されます。

(45)　say
　　　vt. 2 [通例，被伝達部または *that*-clause を導いて] …と言う：She *said* (*that*) she would come today. 彼女は今日うかがいますと言った / When did she *say* she'd arrive? いつ着くと彼女は言いましたか.[14]

　　　[動] (他) 2 [SV (**that**) 節 / SV **wh** 節・句]〈人が〉…と述べる，…という趣旨のことを言う ‖ He *said* that he would return there the following day. 明日ここへ帰ってくると彼は言った / ▶ I (just) don't know what to *say*. 何とも言いようがないなあ；どう言ったらいいのか《◆言葉でうまく表現できない時の決まり文句》.[15]

---

[14] 『研英大』では，"*that*-clause" は "wh 節" を含むようですが，凡例で言及されていません。
[15] 『G4』中の "▶"（紙の辞書では赤色）は後続の例文が（会話的な）決まり文句であることを表します。

buyやgiveなどの書き換えも，たいてい，文型との関連で解説されています。訳語だけ見て，構文に関する解説に目もくれないのでは，せっかくの辞書が宝の持ち腐れになってしまいます。

(46) buy (choose, cook, get, sell も参照)

vt. 1a [しばしば間接目的語を伴って] 買う，購入する：He *bought* me a watch [a watch *for* me]. 私に時計を買ってくれた．

[動] (他) 1 b) [SVO$_1$O$_2$ / SVO$_2$ **for** O$_1$] 〈人が〉O$_1$〈人〉にO$_2$〈物〉を買ってやる，おごってやる ‖ He *bought* the hat for his sister. 彼は妹にその帽子を買ってやった．

(47) give (lend, pay, send, show も参照)

vt. ★ [構文] 基本的には「間接目的語（通例，人）＋直接目的語（通例，物）」を従える：I *gave* the boy a book. / I *gave* him a book. ただし，直接目的語に人称代名詞が用いられる場合，次のようになる：I *gave* it *to* the boy. / I *gave* it (*to*) him.《to を省くのは《英》》/ I *gave* them *to* him. [受身では] He was *given* a book. /

[動] (他) 1 [SV(O$_1$)O$_2$ / SVO$_2$ (**to** O$_1$)] 〈人が〉(O$_1$〈人〉に)O$_2$〈物・金〉を(無償で)与える，あげる，やる，贈る，寄付する，譲る ‖ *give* money generously to the poor 貧しい人々にお金を気前よく恵む．

〔引用箇所以外に，語順に関する詳しい説明が文法欄にある。〕

The book was *given* (*to*) him. / It was *given* (*to*) the boy.

(48) pile (hang, load, plant, scatter も参照)[16]

vt. 1 〈土・石などを〉積む, 積み重ねる, 積み上げる (heap) 〈*up, together, on*〉;〈荷物などを〉詰め込む〈*in*〉(cf. 3): The porters were *piling* luggage *on* the bus. ポーターは荷物をバスに積んでいた.

3 ...に〔...を〕山と積む〔*with*〕(cf. 1): *pile* a cart *with* hay (= *pile* hay on a cart) 荷馬車に干し草を山と積む.

[動] (他) 2 [SVO$_1$ **with** O$_2$ / SVO$_2$ **on [onto]** O$_1$] O$_1$〈物〉に O$_2$〈物〉を積む (load) ‖ *pile* cookies on a plate クッキーを皿に積む《◆ *pile* a plate with cookies というと皿がクッキーでいっぱいになる感じ》.[17]

英英辞典では, 多くの英和辞典の場合と同様, 文型は定義に組み込まれているのがふつうです. (30g) は文型を定義で示したの

---

[16] 第5章, 例 (9) も参照。

[17] pile と同様な構文をとるにもかかわらず,『G4』では hang の文型は [SVOM] しか表示されておらず, plant では, [SVO(M)] に加えて, [SVO$_1$ **with** O$_2$ / SVO$_2$ **in** O$_1$] も表示されています。根拠が示されていないので, 利用者から見れば, 一貫性に欠けると言わざるをえません。

ち，動詞パターンとしても表示しています。前半の「ものをどこかの場所または位置に置くとき」という表現によって目的語をとることと場所の副詞語句が必要であることが示され，同じ内容が最終行で簡潔にまとめられています（V = verb, n = noun（ここでは目的語を指す），prep = prepositional phrase（前置詞句），adv = adverb group（副詞句））。(30g) がわかれば，(30h-j) も問題なく理解できるでしょう。

(30) put

g. 1 When you **put** something in a particular place or position, you move it into that place or position. ☐ [V n prep/adv] *Leaphorn put the photograph on the desk.* ☐ [V n prep/adv] *She hesitated, then put her hand on Grace's arm.* ☐ [V n with adv] *Mishka put down a heavy shopping bag.* (CCAD6)

h. IN PLACE/POSITION 1 *put sth + adv./prep.* to move sth into a particular place or position *Put the cases down there, please.* (OALD8)〔最初の "IN PLACE/POSITION" は意味上の大分類；OALD7 では "put sth" はなく，代わりに [VN] と表示〕

i. [transitive] 1 MOVE TO PLACE [always + adverb/preposition] to move something to a particular place or position, especially using your hands [= place]: *He put the coffee on the table.* (LDOCE5)〔最初の "transitive" により目的語をとることを示す；紙の辞書では "[= place]" の代わりに "SYN place"（注：SYN =

synonym 「同意語」)〕

j. [TRANSITIVE] 1 to move something to a particular position, especially using your hands *She put her hand on Cliff's arm.* ◆ **put something in/on/through etc something**: *Did I put my wallet in your bag?* (MED2)〔最初に意味を説明して太字で文型を表示〕

　動詞が目的語に動名詞をとるか不定詞をとるか，あるいは that 節をとるかに関しては，英英辞典では (CCAD6 を除き)，"like doing something" "like to do something" "say (that)" "say how/why/who etc" のような小見出しで表示されています。具体的には各自で確認してください。

　something は，近年は非省略形で書かれることが多くなりましたが，OALD8 では *sth* という省略形が使われています ((30h) 参照)。同様に，somebody の省略形である *sb* も覚えておけば有益です (本章，例 (17c), (18c) 参照)。

　本節の最後に，文型を無視して，訳語だけ見ているとどういう間違いが生じるか具体例をあげておきます。

a) よく知られている stop smoking と stop to smoke は，それぞれ，「喫煙をやめる」と「一服するために中断する」という意味です。この違いは文型欄では "(stop) do**ing**" と "(stop) **to** do" によって示されています (remember/forget も同様)。

b) look と pleased には，それぞれ，「見る」と「満足して」という訳語が載っています。しかし，He looked pleased. の意味は,「彼は満足して見た」ではなく,「彼は満足げな様子だった」です。この構文に関しては,[補語を伴って] (あるいは [SV (to be) C], 〖look (to be) C〗 など) と注記されています。

c) Her hair fell over her shoulders. は,「肩の上に髪が抜け落ちた」ではなく,「彼女の髪は肩に垂れていた」という意味です。詳しい文型表示がある辞書には,[SV(M)] (あるいは 〖fall + [副]〗, [副詞(句)を伴って] など) と記載されています。

2.3.4. 用法の解説など

『ジ英大』は,基本的な動詞・形容詞に関して [S] (stative, 状態(動詞/形容詞)) と [D] (dynamic, 動作(動詞/形容詞)) という区別を設けています。両用語に関する同辞書の解説は次のとおりです。

[S] = 人が自分の意志でコントロールできない状態・出来事を表す。
[D] = 人が自分の意志でコントロールできる行為・状態を表す。

状態動詞/形容詞は進行形・命令形をとらず,動作動詞/形容詞は進行形・命令形をとることが可能なので,この区別は文法的にきわめて重要です。『ジーニアス』の中辞典も以前はこの区別を示していましたが,現在は削除されています (『ルミナス』も同様)。理由は,あまり知られていない区別なので,多くの利用者には無意味な記号のように思われたためであろうと推測されます。

動詞が進行形などにならない場合，学習用の中辞典では，[S] [D] の代わりに，[進行形不可] などの注意書きが盛り込まれています。[18] 大型辞典では用法上の注はないほうがふつうです。たとえば，『研英大』および『リ英和』の know の項目には「進行形不可」という注はありません。すでに述べたように (§2.2.1)，英語辞典に関しては，大は小を兼ねないので，自分の利用目的に合った辞書を選ぶことが大切です。

(49) know

a. *v.t.* (▶進行形不可) [1] …を知って[分かって]いる，知る，…が分かる：〈物・事を〉理解している，認めている，確信している《that 節，wh- 節[句]; to be; as》．▶知っている状態の意味では命令形にしない．ただし Know yourself!（汝(なんじ)自身を知れ）は例外的．
(ラ英大)

b. [動] (他) 1 a 〈...を〉知る，知っている，〈...が〉わか(ってい)る《[用法] 特に動作を表わす時以外，進行形なし》．(研英中)

c. [動] ([!] 進行形・命令形にはしない) (他) 1 (a) 〈人が〉〈事実・答えなど〉を知っている，知る；〈技能・言語など〉を(習い)覚えている，理解する．(ウィズダ

---

[18] [進行形不可] は，英英辞典では "never [not in] progressive," "not used in the progressive tenses," "not continuous," "no cont" のように表示されます。命令形に関しては，英英辞典は注記していません。[受身不可] は "not (used) in (the) passive," "no passive" という注記が一般的です。多くの英和辞典ではスペース節約のため，「受け身」ではなく，「受身」と書かれています。

ム)

 d. [動]《◆進行形・命令形不可》(他) 1 [SVO]〈人が〉〈事実・内容〉を知っている,理解している. (G4)

(50) prefer

 a. [動] (他)《★進行形なし》1a (... より) むしろ〈...の〉ほうを好む,むしろ〈...を〉選ぶ. (研英中)

 b. [動]《◆通例進行形不可》(他) 1 a) [SVO / SV doing]〈人が〉〈人・物・事〉が [...することが] 好きである,...を好む。 (G4)

(51) escape

 a. [動] (他)《★受身不可》1a〈追跡・危険・災難などを〉(未然に)逃れる,免れる,うまく避ける. (研英中)

 b. [動] (他) 1 [SVO]〈人・動物が〉〈病気・危険・注目など〉をのがれる,[SV doing]〈人・物・事が〉…を受けないですむ,…されないままになる,…することをうまく避ける《◆受身不可》. (G4)

(52) get

 a. [動] (他)《★原則として受身なし》A 1 受け(取)る. a [...から]〈手紙・贈り物・給料などを〉受け取る;(要求・懇願によって)〈許可・返事などを〉もらう,得る. (研英中)

 b. [動] (他) I 2 [SVO] a)〈人が〉〈贈り物・手紙・金・許可など〉を〔…から〕受け取る,もらう,得る〔*from*,《略式》*off*〕《◆受身・命令形不可》. (G4)

上の例とは逆に,(特定の意味のとき)進行形あるいは受身で用い

られる動詞もあります。どのように注記されているか各自で確認してください（辞書によっては注記がないものもあります）。

[進行形] ail（〔…を〕わずらう），bleed（出血する），eat（〈人〉を困らせる），see（〈人〉を訪問する），suffer（〔病気などで〕苦しむ），など。

[受身]（文型欄に "be ~ed" と表示されることがある） bear（産む），deliver（産む），engage（婚約している），give（…させる），surprise（…に驚く），want（…に会い［と話し］たがっている），など。

補習授業 **句動詞 (phrasal verb)**

英米の辞書で give up（あきらめる）や come up with（…を提出する）を引くと，"phrasal verb"（句動詞）という表示があります。MED2 は "phrasal verb" を次のように説明しています。

LINGUISTCS a combination of words that is used like a verb and consists of a verb and an adverb or preposition, for example **give in** or **come up with**

（《言》動詞1語のように用いられる語結合，動詞プラス副詞または前置詞から成る。例：give up, come up with）

phrasal verb であることを示すには，省略形の [PHR V]（OALD8）や "*phr v*"（LDOCE5）が用いられる場合もあります。

句動詞の表示がある英和辞典は現時点では少数派ですが，『ルミナス』や『ロ英和』では [句動詞]，『三イ大』では [PhV]，『英辞郎』では【句動】として表示されています。

多くの英和辞典が [句動詞] という表示を付けることをためらっている理由は，"go to school / stand up" のような "動詞＋前置詞／副詞" 結合と次のような例とが，少なくとも表面的には，区別できないためだと思われます。ちなみに，『三イ大』では "動詞＋前置詞／副詞" 結合はすべて [PhV] とされています。

The house was supposed to go to her children when she died.
（彼女が亡くなったとき，家屋は子供たちが相続することになった）

(MED2)

This alibi won't stand up in court.
このアリバイは法廷ではもちこたえられまい　（研英大）
A drunk driver knocked down and killed two girls.
（飲酒運転者が二人の少女をはねて死なせた）　（CCAD6）

　句動詞の表示がないからといって，英和辞典で無視されているわけではなく，たいていの英和辞典では動詞を引けばその項目の最後に，ことわざ・イディオム・句動詞などが未分類のままアルファベット順にあげてあります。句動詞の表示があれば検索が容易になるので，今後は一般化するかもしれません。

　句動詞に関して大事なのは，上述の give up や come up with のように，動詞単独とは異なる意味を持つことです。頻度の高い動詞は句動詞を作ることが多く，その意味を知ることは英語を学習する上で必要なことなので，動詞と前置詞（または副詞）の意味を足し算しても意味不明な場合は句動詞ではないかと疑って必ず辞書で確認しましょう。

2.4. 形容詞 (adjective /ǽdʒɪktɪv/)

形容詞は英語辞典では原級で載っていますが，辞書には，たいてい，(1) 比較級・最上級の語形が示されています。また，(2) 名詞との位置関係（名詞の前に置かれるかどうか），および (3) 形容詞がとる構文，に関する情報も記載されています。名詞との位置関係に関しては，用語の意味がわからないため辞書を利用できていない人も多いようなので，形容詞の「限定用法」（あるいは「叙述用法」）ということばを聞いたことがない場合は，§2.4.2 を通読することを勧めます。

2.4.1. 比較級・最上級

名詞・動詞が規則的に複数形あるいは過去形・過去分詞形を作る場合，辞書によっては載っていないことがあるのと同様に，予測可能な比較級・最上級は載っていない場合があります。たとえば，beautiful, difficult, troublesome などのように，形容詞（副詞も同様）の長さが 3 音節以上であるとき，[19] その比較級・最上級は more, most をつければよいので，多くの英語辞典には載っていません。同様に，1 音節の形容詞で，比較級・最上級を作るには -er/-est を付けさえすればよい場合も，英語辞典に載っていないことがあります。次は，予測可能な比較級・最上級が記載されている例です。

(53) beautiful (difficult, troublesome も参照)

---

[19]「音節」に関しては，§1.2 参照。

[形] (more 〜; most 〜)　(研英中など)

(54)　tall (short, high, low も参照)
　　　[形] (〜・er; 〜・est)　(研英中など)

common, sure など 2 音節以下の長さの形容詞の場合，比較級・最上級の形が二つ(以上)あれば，すべての形式が示されています。

(55)　common (handsome も参照)
　　a.　*adj.* (more com・mon, most com・mon; com・mon・er, com・monest)　(ラ英大)　〔注："com・mon・est" の誤植〕
　　b.　*adj.* (more 〜, most 〜; 〜・er, 〜・est)　(研英大など)
　　c.　[形] (more [most]〜 ;《まれ》〜・er [est])　(G4)

-er/-est を付けて比較級・最上級を作る場合でも，語形や発音が変われば，ほとんどの辞書で記載されています。

(56)　sorry (lucky, happy も参照)
　　a.　*adj.* (sor・ri・er; -ri・est)　(研英大など)
　　b.　[形] (-er 型)　(ジ英大)[20]
　　c.　[形] (-・ri・er [est])　(G4)

(57)　young
　　a.　*adj.* (young・er /jʌ́ŋɚ/; young・est /jʌ́ŋgɪ̇st/)[21]

---

[20] 『ジ英大』では，high / low / short / tall などには "(-er 型)" という注記はないので，(56b) の sorry のように，注記が添えられているときは「-er/-est を付ける際 "y" を "i" に変えること」というメッセージが込められているようです。

[21] /jʌ́ŋgɪ̇st/ は /jʌ́ŋgɪst/ または /jʌ́ŋgəst/ を表します。(57a, b) と (57c)

　　　　　　　　　　　　　　　　　　　　　（研英大）
　　b. ［形］（〜・er /jʎŋgɚ/: 〜・est /jʎŋgɪst/)　（研英中など）
　　c. ［形］（〜・er /jʎŋgər/, 〜・est /jʎŋgɪst/)《◆ /g/ の音が加わる》（G4）

上の例のように，原級にない音が加われば，発音の変化も記載されているので，見落とさないように注意が必要です（long / strong も同様）。

　形容詞には，意味的に比較不可能なものもあります。たとえば，absent / present; dead / living のように中間段階がない語，complete / excellent / perfect / utter; absolute / unique のように完全・最高や唯一を表す語，entire / total のように全体を表す語，eastern / western のように方角を表す語などです。このような語は次のように注記されています。

　(58)　dead
　　a. ［形］（成句以外ではφ比較）（ジ英大）
　　b. ［形］（比較なし）（G4 など）
　　c. *adjective* [no comparative]　（LDOCE5）
　　d. *adjective* [not gradable]　（CIDE）

(58a-d) は，比較変化をしない，つまり，比較級・最上級では使われない，という意味です。もっとも，complete などは比較構文中に現れることもあるので，どういう意味で使われているのか辞書や文法書で確認してください。

に関して，"g" と "ɡ" は発音記号としては区別はありません。

2.4.2. 限定と叙述

形容詞を英和辞典で引くとき，ぜひ知っていなければならない区別に「限定」と「叙述」という区別があります．以下の引用を見てください．

(59) present

　　a. *adj*. 1 [通例限定的] 現在の，現存の，今の：the *present* Cabinet 現内閣 / your *present* address 君の現住所．
　　2 [通例叙述的] a 〈人が〉(一つ所に)いる，出席している，居合わせている：Very many people were *present* at the lecture [in the lecture-hall]. 講演の出席者[聴講者]はきわめて多かった．
　　b. 〈物が〉ある，存在している，含まれている：a metal *present* in many minerals 多くの鉱物中に存在する金属．
　　c. 〈物事が〉[心・記憶などに]ある，生きている，忘れられない [*to*]：Her face is ever *present* to my eye [mind]. 彼女の顔が始終目[心]に浮かぶ． (研英大)

　　b. [形] (比較なし) 1 [通例叙述] 〈人が〉[…に]出席している，居合わせる [*at, in*]；〈物が〉[…に]存在する [*in*]；《主に正式》〈出来事・人などが〉[心・考えに]ある，浮かんでいる ‖ the metal (which is) *present* in ores 鉱石中に含まれる金属 / the members *present* 今出席している人たち《◆ the *present* members は「現会員の人たち」》/ He is still very *present* in my

> mind. 彼のことがまだ忘れられずにいる．
>
> 2 [限定] [the / one's 〜] 現在の，今の，本…；考慮中の ‖ the *present* subject [topic] 今議論されている話題，本件 / a *present* address 現住所．　(G4)

引用からわかるように，「限定」とは形容詞を名詞の前に置くこと，「叙述」とは be 動詞などの後に置くこと（あるいは，名詞の後で which is などが補足可能であること），を表します．(59a, b) は，present が名詞の前に置かれれば「現在の」という意味であり，それ以外の位置に置かれれば「出席[存在]している」という意味であることを表しています．

　「限定用法」と「叙述用法」は，もともとは，形容詞の機能による分類です．形容詞の現れる環境は "X である A" と "A は X である" の二つに大別されます（X = 形容詞，A = 名詞(相当語句)）．"ぶ厚い辞書" は前者の場合であり，形容詞 "ぶ厚い" はありとあらゆる辞書のうちから範囲を狭めてぶ厚い辞書に「限定」する役割（= 機能）を果たしています．これに対し，"この辞書はぶ厚い" は後者の例であり，"ぶ厚い" は，"この辞書" はどうであるか述べるならば "ぶ厚い" のである，と主題について述べる（=「叙述」する）役割を果たしています．これらの機能は，形容詞が置かれる位置と一致するので，最近は「限定」に代えて「名詞の前」と表記されることもあります（後述）．

　英語では「限定（用法）」と「叙述（用法）」は，それぞれ，"attributive (use)"（省略形：attrib），[22] "predicative (use)"（省略

---

[22] 発音注意：/ətríbjətɪv/.

形: pred) といいます。少し古い英英辞典を引くときには "attrib" と "pred" を知っていれば便利です。

(59) c. *adj*.1 [pred] **present** (**at sth**) (a) (of a person) in a particular place at a particular time. (b) **present** (**in sth**) (of things) existing in a place at a particular time.

2 [attrib] existing or happening now.　(OALD6: 例文略)〔OALD7 以降では下の (59d) と同じ説明法〕

最近の英英辞典では，"attrib(utive)" の代わりに "before noun"（名詞の前），"pred(icative)" の代わりに "not before noun"（または，"never before noun"；名詞の前不可）が用いられるのが一般的です。

(59) d. *adjective* 1 **place** [not before noun] in a particular place

present at/in　*Foreign observers were present at the elections.* / *the gases present in the Earth's atmosphere*

2 **memory** [not before noun] to be felt strongly or remembered for a long time

present in　*The memory of her brother's death is still present in her mind.*

3 **time** [only before noun] happening or existing now: ***At the present time*** we have no explanation for this.　(LDOCE5)

e. [形] 1《[名]の前不可》出席している, 居合わせている [+ at]: *He was present at the birth of his daughter.* 彼は娘の誕生に立ち会った.
2《[名]の前不可》〈化学物質・細菌などが〉存在している [+ in]: *chemicals that are present in the soil* 土壌中に存在する化学物質.
3《[名]の前でのみ》現在の: *the present government* 現政府. （ロ英和）

次も，(59d-e) と同様,「限定・叙述」を使わない説明法です（例文略）。

f. [形]（比較なし）1 〚be ～〛〈物・事が〉《…に》存在して, 含まれて《in, on》。
2 〚be ～〛《…に》出席して（いる）, 居合わせて（いる）, 列席［参列］して（いる）《at》(⇔ absent).
3 〚[名]の前で〛現在の, 今の (current).

（ウィズダム）

説明のことばが専門的でないからといって，必ずしもわかりやすくはないと思われます。肝心なのは，形容詞には名詞の前でしか使われないものもあり，be 動詞などの後（あるいは，名詞の後）でしか使われないものもある，という知識をもって辞書を引くことです。この区別を知っていれば，[P], [A] という省略記号を初めて見たときでも，それぞれ，predicative / attiributive のことだと推測可能です。

g. [形]（比較なし）1 [P]（ある場所に）居合わせている,

出席している；ある，存在している．
2 [A] [the または所有格の後で] 現在の，今の．
3 [A] [the ～] 目下(もっか)の，当面の；考慮中の．

(ルミナス；研英中も同様)

英和辞典で poor を引いて「かわいそうな」という意味を探すと，[限定]，あるいは [限定的に用いて]〖[名]の前で〗[A] などの注記があります．これに対し，「貧しい」という意味には，そのような注記はありません．

(60)　poor [形]
　　1　貧しい，貧乏な．
　　2　(比較なし) [限定] 哀れな，かわいそうな，気の毒[不運，不幸]な；死んだ，故人の ‖ The *poor* boy was killed in the accident. かわいそうに[惜しいことに]その少年は事故死した《◆話し手の心的態度を表す；副詞的に訳す方がよい場合が多い》．　(G4)

(60)から読み取れる情報は，poor は「かわいそうな」という意味では必ず名詞の前に置かれ，それ以外の位置ではその意味にはならない，ということです．辞書に意味が載っているからといって，(61b)を「かわいそうな」と訳したら間違いです．

(61)　a.　My *poor* father was seasick the entire time.（気の毒に，父はその間ずっと船酔いしていた）〔文脈によっては「貧乏な父」という解釈も可〕
　　b.　My father was *poor*.（私の父は貧乏だった）〔×かわいそう[哀れ・不幸]だった〕

手元の英和辞典等で, asleep / sleeping, alive / living, drunk / drunken を引いて名詞との位置関係に関する情報がどのように記述されているか確認してみてください。辞書によっては, あるいは, 語によっては, 説明がないかもしれませんが, その場合は, 辞書に盛り込まれている情報量が少ないということです。

2.4.3. 形容詞がとる構文

それぞれの動詞ごとに, 目的語をとるかとらないか, 節をとるかとらないかなどが決まっているのと同様に (§2.3.2), 形容詞の場合も, それぞれの形容詞ごとにどういう構文をとるかが決まっています。先に述べた限定と叙述という区別も, 形容詞の意味的・構文的な使用条件ですが, ここでは, 叙述用法における構文上の特徴について述べます。

形容詞がとる構文は『ジーニアス』では [S is 〜 ...] あるいは [it is 〜 ...] という形式で表示されています。

(62) certain

 a. [形] 1 [叙述] a) [S is 〜 **about** [**of**] O / **of** doing / **that** 節 / **wh** 節・句 /《米略式》**if** 節] 〈人が〉O〈事〉を確信している, 疑いないと思っている, …だと確信している《◆2 と違って「確信している」人は S》‖ He is *certain* about [of] her recovery. = He is *certain* (that) she will recover. 彼女がきっと回復するものと彼は信じている.

 2 [S is 〜 **to** do] 〈人・物・事は〉間違いなく…する, 〈人・物・事が〉…するのは疑いがない《◆「確信して

いる」人は話し手であって S ではない》 ‖ He is *certain* [sure] to win. = It is *certain* [˟ sure] that he will win. 彼は必ず勝つ（と私は思います）（= He will certainly [˟ surely] win. = I am certain [sure] of his winning.）.

3 [**it is ～** (**that**) 節 / **wh** 節] …ということ［…か］は確かである，明白だ，疑いがない《◆「確信している」人は話し手》 ‖ It is *certain* that he will pay in cash. 彼が現金で払うのは間違いない（= He will certainly pay in cash.）.　(G4)

『ジーニアス』では，文型表示は（高頻度の）形容詞が節・句あるいは動名詞・不定詞を従える場合にのみ記述されているようです。[23] その他の辞書では，たいてい語義説明に組み込まれています。

　b. *adj*. 1d [be ～ *to* do として] きっと...する，必ず...する：It is *certain* to happen. きっと起こる / He is *certain* to help us. きっと我々を助けてくれる．

　　3 [叙述的]〈人が〉(...(ということ)を)確かだと思っ

---

[23] 『G4』では，certain と同じ頻度（A ランク）でありながら，[S is ～ ...] という文型表示がない形容詞もあります（例：nervous）。nervous の場合は，後続可能な前置詞が多いので表示が複雑になるためかもしれませんが，詳しい理由は不明です。
　nervous [形] 1 a)〔…に〕不安な，臆(ホッ)病な，〔…を〕心配して〔*about* (doing), *at*, *of*, *that* 節〕;〔…を前にして〕不安になって，緊張して〔*before* (doing)〕;〔…が〕怖い〔*around*, *of*〕 ‖ Don't get [feel] *nervous* about it. そんなことで心配するな．　(G4)

て，確信して〔*of*〕/ ⟨*that, whether*, etc.⟩: be *certain of* success 成功を確信している / I am *certain* (*that*) I saw it. 確かにそれを見た．　(研英大)

形容詞が特定の前置詞をとる場合も，ほとんどの辞書では，語義説明に組み込んで記述されています．しかし，(63c), (64c) のように，[24] 例文でのみ前置詞を示す辞書もあるので例文にも目を通すことが必要です．

(63)　different
　　a.　[形] 1 〔…とは／…の点で〕違った，異なった；別の〔*from*,《主に米略式》*than*,《英略式》*to* / *in*〕‖「a *different* project [a project *different*] from what I expected＝「a *different* project [a project *different*] than (what) I expected 私が期待していたのと違った計画．　(G4)

　　b.　*adj*. 1 (…とは)違った，(…の点で)異なる《*from, than, to* ...; *in* ...》: ◆ They are not very *different from* each other *in* character. 彼らは性格的にはさほど違っていない ◆ She was no *different than* usual. 彼女はいつもと全然変わってはいなかった．　(ラ英大)

　　c.　*adj*. 1 異なる，違う：My plan is very [much, far]

---

[24] どちらも『研英大』からの引用ですが，同辞書では共起する前置詞を語義説明中で記述している場合もあります（例：aware, convenient, full）．前置詞を語義説明に含めるか例文で示すかに関して，執筆者間に不一致があるようです．

　　　　　different from yours. 私の案はあなたの(案)とは非常に違う［別だ］．　　（研英大）

(64)　famous

a.　［形］1〈人・物が〉(広い領域・長期間にわたって)〔…で／…として〕(通例よい意味で)有名な，名高い〔*for / as*〕‖ Atami is「*famous* for (its) hot springs [as a hot-spring town]. 熱海は温泉で［温泉町として］有名だ．　　(G4)

b.　*adj.* 1　(よい意味で) 有名な，高名な，名高い，世に聞こえた，名声［定評］のある 《*for* ...; *as* ...》◆ a town *famous for* its scenery 風景の美しさで聞こえた町 ◆ She is *famous as* a writer. 彼女は作家として名高い.　　（ラ英大）

c.　*adj.* 1　有名な，名高い，評判の：Switzerland is *famous for* its mountains. スイスは山で有名である／ *famous as* a poet 詩人として有名な．（研英大）

　英英辞典では，形容詞が従える前置詞は，括弧内で示されることはなく，たいてい，別見出しあるいは太字で表されています ((59d) 参照)。各自で確認してみてください。

　形容詞も進行形または命令文で使われることがありますが (§2.3.4 参照)，私が見た限りでは，どの辞書もこれらの用法に関して［進行形可］といったような注記を盛り込んではいません。ただし，まったく言及がないわけではなく，当該項目中の例文で示されている場合があります。辞書の情報をすべて吸収するためには，例文にも目を通すことが必要です。

(65) a. **kind** [形] 1 a) 〈人が〉(性格的に)親切な;〈行為が〉親切な;〈人が〉〔人・動物に〕親切にする, 優しい, 思いやりのある〔*to*〕; [S is ~ to do / **it is** ~ **of** S **to** do]…するとはS〈人は〉親切だ《◆当人の前では後者が好まれる》‖ She is being very *kind* to me. 彼女は私にとても親切にしてくれています. (G4)

b. **foolish** *adj.* [1]《けなして》思慮分別[判断力]のない, 愚かな, ばかな;深慮[用心]に欠ける;《米北部》精神薄弱の: Don't be *foolish*! [= You're being *foolish*!] ばかなまねはよせ, ばかなことを言うな.

(ラ英大)

手元の辞書で ambitious / difficult (気難しい) / dramatic (芝居がかって) / forgetful / nasty / patient / polite / sick (吐き気がする) / silly を引いて, 進行形あるいは(否定)命令文の例文があげてあるかどうか確認してみてください.

　辞書によっては, 当該の形容詞から遠く離れた項目で進行形の可能性に言及してある場合があります. たとえば,『ジーニアス』では be[1]([助]1e) で「be being の型で用いられる主な形容詞・名詞」がまとめて記載されています. しかし, 個々の形容詞・名詞の項目に「be[1] [助] 1e 参照」という指示がないので,(編集者など極めて少人数以外)だれも個別の形容詞と be[1] とを関連づけて引くことはできないと思われます.

　形容詞が進行形をとるかどうかは, 多くの場合, 辞書だけでは確認できません. 信用できる検察サイトにつないで, 形容詞の前に "being" を付けて, "being kind" などの形で調べるほうが辞書

で調べるより確実です。

2.5. 副詞 (adverb /ǽdvɚb/)

副詞に関する項目では，どの位置に置かれるかという情報を見落とさないよう注意が必要です。つまり，文頭で使われるか，文中で使われるかといった情報です。

(66) happily
　　a. [副] 1 [通例文中・文末で] 幸福に，楽しく，愉快に ‖ He was *happily* married. 彼は結婚して幸せに暮らしていた.
　　　2 [通例文頭・文末で] 幸いにも，運よく ‖ *Happily* (﹈), I escaped injury. 幸いけがをせずにすんだ (= It was a happy fact that ...) 《◆×It was happy that ... には言いかえられない》.[25]　(G4)

「文頭・文末で」という注記は，ほとんどの英語辞典では記載されていません。その代わりに，「文全体を修飾して」(または「文修飾」) という注記を伴って，例文が示されています ((66b, c))。ただし，「文頭・文末で」は位置を表し，「文全体を修飾」は副詞の機能を表すので，両者は必ずしも一致しません。辞書によっては，位置に関する注記がまったくないものもあります ((66d))。

---

[25] "Happily (﹈)" 中の (﹈) は，発音が「下降上昇調」(声の高さが下がって上がる) であることを表します。

(66) b. *adv.* [1] 幸福(そう)に，楽しく；喜んで：◆ They lived *happily* ever after.《童話の結び文句》それからずっと幸せに暮らしました；めでたしめでたし．

[2]《文全体を修飾して》幸いにも，幸運にも：◆ *Happily*, he found the way out. 運よく出口が見つかった．

▶ 2 の *happily* は It was a happy event that ... と書き換えることができる。またこの *happily* は疑問文を修飾することはない． （ラ英大）

c. [副] 1 幸福に，愉快に；うまく；喜んで：He did not die *happily*. 彼は幸福な死に方をしなかった．
2 [文修飾] 運よく，幸いにも：*Happily*, he did not die. 幸いにも彼は死ななかった． （研英中）

d. *adv.* 1 幸福に，愉快に，楽しく，満足して：They lived *happily* ever after. それ以後楽しく暮らしました《「めでたしめでたし」に当たる童話の結び文句》/ He did not die *happily*. 幸福な死に方をしなかった．
2 運よく，幸いにも：*Happily* the father died before the son's disgrace. 幸い父親は息子が不面目なことをしでかす前に死んでいた． （研英大）

英英辞典では「文修飾」は "sentence adverb" として記されています。

e. *adverb* 1 in a happy way: *Michelle smiled happily*.
2 [sentence adverb] fortunately: *Happily, his injuries were not serious*. （LDOCE5）

本章では，主として，文法的な情報の読み取り方について述べてきました。利用者がある程度の文法的知識をもっていなければ，辞書に詳しい情報が記載されていても，無意味な暗号の羅列の終わってしまいます。最低限，以下にあげる程度の知識をもっていることが望まれます。

a) 名詞には a/an をとるものととらないものがある。
b) 動詞・形容詞には進行形・命令文・受身で用いられるものと用いられないものがある。
c) 形容詞には名詞の前に置かれるときと後に置かれるときとで意味が異なるものがある。
d) 副詞には文全体を修飾するものがある。

以上のことを知った上で辞書を引けば，辞書からより多くの情報を引き出すことが可能になり，同時に，辞書を読むことにより文法知識をいっそう深めることが可能になります。

コーヒーブレーク　編集者も遊ぶ

どの辞書の編集も大真面目で行われていると思いますが，編集者の思いを垣間見ることができる場合があります。特に，dictionary を含む例文には編集者の思い入れが込められているようです。

This dictionary is the most useful (one).
（この辞書がいちばん役に立つ）　（プログレッシブ 4, one の語法；原文には訳なし）
I cannot dispense with this dictionary.

この辞書なしではやれない. (プログレッシブ4)

It is quite an accomplishment to produce a dictionary.
一冊の辞書を作りあげることは大した仕事だ. (研英大)
Our dictionary got an enthusiastic welcome from the buying public.
我々の辞典は一般購買者層から熱烈な歓迎を受けた. (研英大)
Every dictionary is already out of date at the time of its publication.
どんな辞書でも発行されたときにはすでに時代遅れになっているものだ (活用)

次は執筆者自身の実体験かもしれません.

The students occupied the administrative building and barricaded themselves in.
学生たちは大学本部の建物を占拠しバリケードをめぐらして立てこもった.〔1969年頃の状況?〕(活用)
The students chatter incessantly right through the class.
学生たちは授業時間中ぶっ通しでむだ話をする. (活用)
My wife always squashes me.
私はいつも妻にやり込められている. (研英中)
I had [got] my husband eating out of my hand.
夫は完全に私の言いなりになっているわ. (ウィズダム)

私が好きな例文と訳文は次のだじゃれです.

Who made that poor pun?
そんなだじゃれを言ったのはだれじゃ. (活用)

----

3 スピーチレベルに関する情報を読み取る

3.0. スピーチレベル

本章では、スピーチレベルに関する情報を見ていきます。スピーチレベルとは、当該の語がどのような地域で使用されるか（例：英，米，豪）、どのような文体か（例：口語，俗語，古語）、どのような分野で用いられるか（例：哲学の専門語）などに関する個々の語の特徴のことです。

3.1. 使用地域

わかりやすい省略記号から始めましょう。いま英和辞典で lift を引くと、語義の前に《英》という略語が書かれています（関係部分のみ抜粋）。

(1) lift
 a. 《英》エレベーター (《米》elevator)　（ジ英大）
 b. 《英》エレベーター，昇降機 (《米》elevator)

(研英大)

この記号が何を表すかは自明でしょうが，念のために説明すると，lift の「エレベーター」という意味は「英国用法」[1] であり，米国では elevator を用いるということを表しています。次も同様です。

(2) tube
    a. 《英略式》(ロンドンの) 地下鉄 (underground) (cf. subway), 地下鉄の列車；地下鉄のトンネル.

(ジ英大)

    b. 《英口語》(London などの) 地下鉄. (研英大)

(3) biscuit
    a. 《英》ビスケット，クッキー (《米》cracker, cookie).

(ジ英大)

    b. 《英》ビスケット《cracker, cookie の総称》. (研英大)

(2a, b) では，略式と口語との違いはありますが，tube は，「地下鉄」という意味では，英国で用いられる，ということを示しています。少し補えば，米国やカナダでは，ふつう，tube はこの意味では用いられない，ということです。(3a, b) では，「ビスケット」を biscuit と呼ぶのは英国式であり，米国では cracker または cookie がふつうである，という情報が表されています。日本では，「ビスケット」より脂肪分が多いものを「クッキー」と呼んで区別していますが〔広辞苑 (クッキー)〕，英米では，同じものを，そ

---

[1] 《英》は，多くの辞書で，「主として英国で用いられる」という緩やかな意味で使われています。ただし，『ジーニアス』のように，《英》と《主に英》とを区別している辞書もあるので，必ず凡例を見ておきましょう。

れぞれ，biscuit, cookie と呼んでいるのです。

　次は，研究社『リ英和』中の lift の定義です。

(4)　lift *n*: "昇降機，エレベーター (elevator*)．

《英》とはどこにも書いてありません。しかし，よく見ると，「昇降機」の前に " があります。これは印刷上のよごれではありません。この 2 本の縦線が「英国用法」ということを表しているのです。同辞書で tube と biscuit を引いてみると，次のように表記されています。

(5)　a.　tube *n*: "《London などの》地下鉄 (subway*)．
　　 b.　biscuit *n*: "ビスケット，クラッカー，クッキー《たねをふくらませずに焼いた焼き菓子》．

以上のことから，『リ英和』では上付きの 2 本の縦線 (") が「英国用法」を表していることが明らかになりました。(4) および (5a) の elevator, subway の後のアスタリスク（*）が何を表すかももう明らかでしょう。「米国用法」を表しています。念のため，apartment および curb が，どのように表記されているかも見ておきましょう。これまで見てきた 3 辞書から関連個所のみ引用します。

(6)　apartment
　　 a.　《主に米》アパート(の貸室) ([略] Apt(s).) (《英》flat^2)．(ジ英大)
　　 b.　《米・カナダ》アパート (《英》flat)．(研英大)
　　 c.　*《共同住宅の》一戸分の区画 (flat")．(リ英和)

(7) curb

    a. 《主に米》(歩道の)縁(石), へり(石)(《英》kerb).

(ジ英大)

    b. 《米》(歩道の縁に沿って並べた)縁(ふち)石, へり石 (curbstone)(《英》kerb). (研英大)

    c. *《歩道の》縁石(ふちいし)(kerb"). (リ英和)

このように, 『リ英和』は英・米の用法を, それぞれ, "と*で表しています。ところが, 『リ英和』に〘英〙あるいは〘米〙と書かれている場合があります。

(8) a. barrister *n* 〘英〙法廷弁護士(barrister-at-law の略;上位裁判所における弁論権を独占する).〔一部略〕

    b. major league *n* 〘米〙メジャーリーグ, 大リーグ《二大プロ野球リーグ American League, National League の一つ; cf. MINOR LEAGUE》.

(8a, b)は, その語が使用されている地域というよりも, 英国または米国に特有な制度あるいは団体であることを表しています。したがって, 米国人でも, 英国の裁判制度について語るときには, barrister という語を使うし, 英国人もアメリカの大リーグに興味があれば, major league ということばを使わないわけにはいきません。注意して見ると, これまで見てきた使用国を表す記号は二重の丸括弧でしたが(例:《英》), (8)では二重角括弧が使われています(例:〘英〙)。括弧の形も見逃さないように気を付けましょう。

最近は次のような国名が表記されていることがあります。

(9) boer goat *n.*《南ア》丈夫な南アフリカ原産のヤギ.

(研英大)

このほか,《スコット》(または《スコ》;スコットランド),《アイル》(アイルランド) もしばしば見かけます.

最後に, 使用地域に関する注意点を追加しておきます. (6) から推測されるように, 辞書によっては,《米》に「カナダ用法」を含む場合があります. また,《英》には, オーストラリア (省略形:《豪》) およびニュージーランド (省略形:《NZ》) の用法が含まれる場合があります.《英》や《米》が厳密には何を指しているかは, 辞書の凡例を見て確認することが必要です.

3.2. 文体

英語辞典には, 見出し語が主として話しことばで使用されるのか, 書きことばで使用されるのか, といった情報も盛り込まれています. たとえば, 次のような場合です.

(10) fantastic
   a. 《略式》すばらしい (great), すてきな (excellent).

(ジ英大)

   b. 《口語》すばらしい, すてきな. (研英大)
   c. 《話》とても素晴らしい, 非常によい. (ラ英大)
   d. 《口》すばらしい, すてきな. (リ英和)
   e. 《くだけて》すばらしい, すてきな (great);《話》(それは) すばらしい!, すてき! (ウィズダム)

(11) Britannia
   a. 《文》=Great Britain. (ジ英大)
   b. 《文語》=Great Britain. (研英大)
   c. 《主に文語》グレートブリテン島 (Great Britain).
   (ラ英大)
   d. ブリタンニア《1) ローマの属州だった Great Britain 南部の名称 2) GREAT BRITAIN または BRITISH EMPIRE の女性擬人的ラテン語名》. (リ英和)
   e. ブリタニア《Britain のラテン名》. (ウィズダム)

(10)中の二重括弧内の略語は,fantastic が主として話しことばで用いられるということを示しています.辞典によって略語が異なりますが,意味するところは容易に理解可能です.『ウィズダム』のように"《くだけて》"と"《話》"が同時に使用されると戸惑いますが,"《話》"は Fantasitic!という1語のみの発話を表すと想像されます (凡例には詳しい説明なし).話しことばに比べ,書きことばに関するレベル表示は,辞書によって一致しないことがよくあります.(11)もそうですが,(12)ではもっと顕著です.

(12) narrowly
   a. 《正式》念入りに, 綿密に. (ジ英大)
   b. 精細に, つぶさに. (研英大)
   c. 《文語》(疑って)注意深く, 綿密に, 詳しく, つぶさに. (ラ英大)
   d. 厳密に, 精密に. (リ英和)
   e. 《かたく》[[動]の後で] (もっと知ろうと)入念に, つぶさに〈見るなど〉. (ウィズダム)

見出し語を書きことばとして表示するかどうかに関して，英和辞典の判断が異なるのは，英英辞典の判断が一致していないためと思われます。たとえば，上記の意味の narrowly に関して，MED2 では "MAINLY LITERARY"，CIDE および CALD3 では "formal"，と記載されていますが，CCAD6 や LDOCE5，OALD8，OED2 には記載がありません。

(11) および (12) からわかるように，『ジ英大』は《文》と《正式》とを区別しています。同辞典の凡例によると，両者には次の使い分けがあります。

(13) 《文》文語，堅い書き言葉（時に《古》《詩》に通じる）
(14) 《正式》堅い書き言葉・話し言葉（時に《文》に通じる）

つまり，《文》はもっぱら書きことばで用いられる語であり，《正式》は書きことばに加えて，話しことばでも使用される語です（たとえば，講義や講演，演説など）。

文体表示に関しては，以上のほか，《俗》や《卑》，《古》，《廃》など辞書によってさまざまな表示があります。また，使用レベルが先述の地域名と組み合わされることもしばしばあります（例 (15)，(16)）。使用レベルに関して疑問が生じても，凡例を注意して読めばたいてい解決できるので心配無用です。

(15) apothecary
　　 《英古・米》薬剤師 (pharmacist)．（研英大）
(16) baby kisser
　　 《米俗》(選挙運動中の愛想のいい) 政治家．（ジ英大）

☕ コーヒーブレーク　うっかり出た方言

ある英和辞典に次のような項目がありました（現在は訂正済）。

ink in [over]
インクでえどる：インクを入れる：He *inked in* the drawing. 鉛筆画をインクでえどった.

私自身は，こういう方言を使っていたので，「えどる」は「なぞる」という意味だとわかります。しかし，「そんな日本語，知らない」という人も多いでしょう。事実,『広辞苑』では「えどる（絵取る）」に「なぞる」という意味は載っていないし,『活用』(sv, ink in) では「なぞる」という訳語があげてあるので,「えどる」は全国共通のことばではないようです。

次もアヤシイのではないでしょうか。

a close run
きわどい一走：Life or death, and *a close run*. 生きるか<u>死ぬる</u>か，きわどい一走だ.
be [look] shy on [at]
…をうさんくさく思う，を<u>疑ぐり</u>の目で見る.
gnaw one's nails
つめを<u>かじる</u>（手持ちぶさたの表情）.
filter through
1 …を漏れてくる；から漏る：The rain has *filtered through* the walls. 雨が壁から<u>漏ってきた</u>.　　　　　　　　　　〔下線は筆者〕

ネズミでもあるまいし，人間ならつめを「かむ」と言いませんか。雨が壁から「しみでてきた」のほうが自然な日本語でしょう。

3.3. 使用分野

　英和辞典の訳語の前には，しばしば使用分野が表示されています．たとえば，object に関する次の記載は，この語が哲学の分野では「対象」等という意味であり，文法の分野では「目的語」という意味であることを表します．

(17) object
　　 1.〖哲学〗対象，客観，客体 (↔ subject).
　　 2.〖文法〗目的語《動詞または前置詞に支配される名詞または名詞相当語句；cf. subject 6, predicate 1》.

(研英大に基づく)

英和辞典は，通常，複数の最新の英英辞典を参照して編集されるので，これらの訳語は，英英辞典が object の意味の一つとして哲学で使用される意味をあげ，別の一つの意味として文法で使用される意味をあげていることに由来しています．しかし，英和辞典の利用者としては，哲学関係の英文を読んでいて object が出てくれば「対象」（または「客観，客体」）と訳し，文法書に出てくれば「目的語」と訳せばよい，と思って問題ありません．たとえば，次のような文に出くわしたと仮定しましょう．

(18) a. Now I wish to preserve the dualism of subject and *object* in my terminology, because this dualism seems to me a fundamental fact concerning cognition.
　　　（さて，私の用語のうちに主体と客体という二元論を保持し

ておきたい。私にはこの二元論は認識に関する根源的事実であると思われるからだ) (Sullivan, et al. 2003, *Logicism and the philosophy of language*)

b. The word order is subject-*object*-verb, the most common in other languages.

(語順は主語—目的語—動詞,つまり,他の言語でもっとも一般的なものだ) (*New York Times*, Feb 1, 2005)

訳語が辞書に載っているからといって,もしも subject / object を (18a) 中で「主語／目的語」と訳し,(18b) 中で「主体／客体」と訳したら無知まるだしの誤訳です。

　分野が異なれば使用する日本語の用語も異なるので,訳語の決定には,どういう分野の内容であるかを考えることが大切です。〔哲学〕や〔文法〕という表示は適切な訳語を素早く見つける手がかりとなり,同時に,自分が考えている訳語が正しいかどうかを確認する手がかりとなります。次のように,多くの分野で用いられ,しかも分野によって訳語が異なる場合は,必ずその項目の最後まで目を通さなければなりません。

(19) 　transformation
　　1 　変形,変態,変化.
　　2 　〔動物〕(昆虫などの)変態.
　　3a 〔数学・論理〕変形,変換.
　　 b 〔言語〕変形,変換.
　　4 　〔物理化学〕転移,変換,(金属の)変態.
　　5 　〔電気〕変圧.
　　6 　〔鉱物〕相転移.

7 〖化学〗(化合物の)変換, 変態.
8 〖生物〗形質転換.
9 〖演劇〗transformation scene.　　　(研英大に基づく)

分野によっては英和辞典に適切な訳語が載っていないこともあります。たとえば，日本語の法律文書（特に，契約書）では「黙示的」という語がしばしば用いられます。英語では implicit が対応しています。次は「入札談合等関与行為の排除及び防止並びに職員による入札等の公正を害すべき行為の処罰に関する法律」という長い名前の法律の一部です（関連部分のみ引用）。

(20) a. 四 ... 事業者，事業者団体その他の者の明示若しくは<u>黙示</u>の依頼を受け ...

b. (iv) ... at the express or *implicit* request of an entrepreneur, trade association, or any other entity ... （日本法令外国語訳データベースシステム；http://www.japaneselawtranslation.go.jp/kwic/?re=01）

日本語の契約書では「応当(する)日」（例：別の年の同月同日，別の月の同日など）という用語も頻出します。対応する英語は anniversary です。

(21) a. その後毎年その日に<u>応当する日</u>（<u>応当する日</u>がない場合〔筆者注：2月29日の場合〕にあっては，その前日）

b. the *anniversary* of that date in subsequent years (in cases where such *anniversary* does not exist, the date immediately preceding) （日本法令外国語訳データベースシステム）

英語では implicit も anniversary も法律特有の語としては認識されていないため，英英辞典では [LEGAL] という表示はありません。前述のように，英和辞典の訳語は英英辞典の意味区分を参考にしているので，英和辞典の implicit / anniversary に「〖法〗黙示的な」／「〖法〗応当日」いう定義がないのは，そのような定義が英英辞典にないためと思われます。和訳の際には英和辞典を離れて，関連分野の日本語の文献を読んで日本語の表現を学ぶ必要が生じる場合もあります（"ぴったりの訳語"(p. 96) 参照）。

　本章で取り上げた記号の大半は見ればおのずと明らかですが，語のレベル（俗語，口語，文章語など）は，辞書によって異なることが多いので，複数の辞書で確認することを勧めます。文体に関する表示は見落としても誤訳に直結しないかもしれませんが，使用地域および使用分野に関する表示を見落とすと誤訳の恐れが高くなります。特に，なじみのない分野の英文を読んでいるときは，辞書の表示を見落として，勝手な思い込みから自分の解釈に都合のいい訳語を選ぶ危険があります。訳語を決定する際は，使用分野に関する表示がないかどうかを必ず確認してください。

☕ コーヒーブレーク　**ぴったりの訳語**

　英和辞典を引いてもぴったりの訳語が見つからないことがあります。辞書ではスペースの制約があるため，訳語として使えそうな表現をすべてあげることはできないという事情があります。しかし，執筆者の語学力に問題がある場合もあります。たとえば，"ひとことで言うと"(p. 113) のような場合です。この例ほど極端でなくても，

英和辞典の訳語は見出し語の意味の近似値にすぎない，と思っておくほうが英文を日本語に訳すときストレスを感じなくて済みます。文脈にぴったりの訳語が英和辞典になければ，英和辞典を手当たり次第にひっくり返して訳語を探すよりも，英英辞典にあたる，または日本語の類語辞典や翻訳関係の本やサイトで調べる，という対策をとるほうが効果的です。

実は，訳語がしっくりこないと感じるのはかなりの上級者です。もしも本書の読者で，自分は辞書の訳語を無理に当てはめて訳している，と思う人がいれば，（ほぼ1対1に対応する訳語がある場合を除いて）より自然な日本語訳はないか考えるように心がけてください。そうすれば，内容理解も深まってきます。

「英語のままで理解すべきだ」とか「TOEIC の試験には英文和訳は出題されない」という声が聞こえてきそうですが，きちんと訳せない場合は，大まかな意味しか取れていない，浅い理解しかできていない，と思ってほぼ間違いありません。*

たとえば，履歴書などで「Education: ○○年 ABC 大学卒業」という表現が出てきたら，education は「学歴」ととるべきです。「教育」と訳したのでは，ピンボケ訳です。**

翻訳に関して何より大事なのは，当該の分野に関する知識です。日本語で内容がわかっていなければ，英和辞典を引いても英文を理解できるはずがありません。第3章，例 (20), (21) でも述べたように，関連分野の文献を読んで日本語でも表現力を身につける心がけが大切です。

---

 * 行方昭夫 (2007)『英文の読み方』岩波新書 1075. (p. 6)
   行方昭夫 (2007)『実践　英文快読術』岩波現代文庫 129. (p. 62f.)
 ** Cf. Also, the whole course of scholastic instruction which a person has received. (OED, sv, *education*)

OED (OUP)
書籍版の一部。1884年に刊行を開始し，1986年に新補遺が完成した。

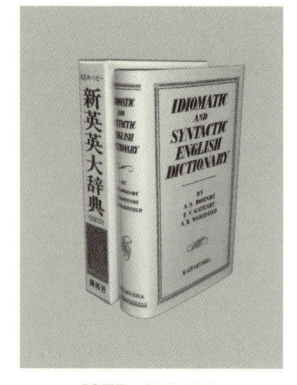

ISED（開拓社）
日本における最初の本格的英英辞典。現在も継続して販売されている。

4 語源に関する情報を読み取る

4.1. 日本語からの借用語

　中型以上の英和辞典では,たいてい,項目の最後に語源に関する情報が記載されています(一部の辞書では語源情報は項目の最初)。ほとんどの人は語源までは見ないようですが,語源欄も読めば,意外な語同士が同一の語源から派生していることを発見して英語をいっそう身近に感じることもあります。語源欄の説明には専門語や特殊な表記法もあるので,本章では英語史の入門的概説をまじえながら,語源欄の読み取り方について述べていきます。

　まずわかりやすい例として日本語から英語に入った語を見てみましょう。ちなみに,外国語から入った語は借用語(または借入語;loan word)と呼ばれます。

(1) karaoke
　　a. 〚日本〛　(ジ英大)
　　b. [1986? <日本語] (ラ英大)
　　c. 〚(1986) □ Jpn.〛　(研英大)〔注:Jpn. = Japanese〕

いずれも日本語からの借用語であることを示してします。『ラ英

大』の"＜"と『研英大』の"⎕"は，どちらもその記号の後に書かれている言語から借用されたことを表します。"1986"という数字は karaoke が英語で初めて使用された年代です。『ラ英大』の"?"は，言うまでもなく，年代が確かかどうか疑問であることを表します（OED によると，英語における karaoke の初例は 1979 年（*Sunday Mail*））。

 kimono は karaoke よりも 100 年早く英語に入ったとされています。ただし，obi（帯）は，1876 年に英文中で使用されているので，kimono も実際には 1886 年より前に英語に入っていたかもしれません。英語の文献で kimono が確認されるのは 1886 年が最初であるということです。

(2) kimono
　　 a. 〚日本〛　（ジ英大）
　　 b. [1886.＜日本語]　（ラ英大）
　　 c. 〚(1886) ⎕ Jpn.〛　（研英大）

 judo, karate, kendo, sumo や geisha, ninja, sushi, soy (sauce)（醤油），tsunami などよく知られている語のほか，Nintendo（ゲーム機），satsuma（温州ミカン），skosh（少し），teriyaki なども英語に入っています。anime および manga は，MED2 では，暴力およびセックスと結びつけられています。日本人にとっては不本意な説明ですが，すべての英英辞典がそのように定義しているわけではないので，各自で調べてみてください。

 ちなみに，mottainai は英英辞典には未収録のようです。Wikipedia には項目があるので，そのうち英英辞典にも記載されるかもしれません。いつ，どの辞書が最初に収録するか注視して

おきたいものです。

4.2. 1,000 年（以上）前からの英語

dog は，語源は不明ですが，古くから英語にある語です。

(3) dog
 a. 〚初 12c 以前；古英語 docga. 語源不詳〛（ジ英大）
 b. [1050 年以前．中期英語 *dogge*, 古期英語 *docga*；語源不明だが鳴き声からか]（ラ英大）
 c. 〚ME *dog(ge)* ← lateOE *doċga* ← ?：擬音語か．― v.: 《1519》← (n.)〛（研英大）

上の説明のうち，「中期英語」（「中英語」とも呼ばれる）は "Middle English" (ME) の訳語であり，1100 年頃から 1500 年頃までの英語を指します。(3b, c) は，dog の語形は中(期)英語では *dog(ge)* だったことを表します。

次に，「古英語」と「古期英語」はまったく同義であり（以下，本書では「中英語」「古英語」を使用），450 年頃（ブリテン島にアングロサクソン人などが定住を始めた時期；古英語が文献に現れるのは 700 年頃）から 1100 年頃までの英語を指します。このうち，10 世紀および 11 世紀の古英語は「後期古英語」（英語では "late Old English"（省略形：lateOE））と呼ばれます。したがって，(3a-c) はいずれも dog は 10 世紀または 11 世紀の *docga* にまでさかのぼるということを記述しています。(3c) 中の "cg" の上の点 (overdot) は，発音が「ドッヂャ」に近いものだったということを表します（専門的には「口蓋化」(palitalization)）。このような補助的な記号は，

編集者が付けたものであり,写本にはありません。

(3c) の "―" は,古英語 *doċga* から派生したことを,"―?" は語源が不明であることを表しています。(3c) 後半 (― v. 以下) は,dog の動詞用法は 1519 年に初めて現れ,これは名詞用法からの派生である,ということを示しています。

cat は dog よりももっと古くまでさかのぼれる語です。

(4)　cat
　　a.　〖初 12c 以前;後期ラテン語 *cattus*（ネコ）〗　（ジ英大）
　　b.　[900 年以前. 中期英語 *cat, catte*, 古期英語 *catt* (雄), *catte* (雌);後期ラテン語 *cattus, catta* (飼い猫が伝えられたと思われる 4 世紀に初めてその使用が確認される) と同語源;究極的には語源不明]

（ラ英大）

　　c.　〖OE *catt* < Gmc *kattuz (G *Katze*) ⊐? LL *cattus* (masc.), *catta* (fem.)〗　（研英大）

(4a, b) に関しては,「後期ラテン語」は 175〜600 年頃のラテン語を指すと補足すれば,すべて理解可能と思われます。(4c) について概説すると,cat は OE (古英語) の *catt* にさかのぼることができ,それは Gmc (= Germanic「ゲルマン祖語」)[1] の *kattuz* から発達した形式であり ((4c) 中の "<" は「音法則的発達」を示す),この *kattuz* は LL (= Late Latin「後期ラテン語」) の *cattus* および (ま

---

[1] ゲルマン祖語は,英語,ドイツ語,スエーデン語,ゴート語などの祖先であり,紀元前 1500 年頃に印欧祖語から分岐し始めたと推定されています (本章注 3 も参照)。

たは) *catta* から借入された語であると推測される，ということを示しています。*kattuz* にアステリスク（*）が付いているのは，*kattuz* は理論上推定された語形であり，そういう語形が文献に現れるわけではない，という意味です。"(G *Katze*)" は，ドイツ語 (German, G) の *Katze*（ネコ）と関連があることを示しています。"masc." と "fem." は，それぞれ，masculine（男性形），feminine（女性形）の略なので，ここでは『ラ英大』にあるように，「オスネコ」と「メスネコ」を指します。

foot はゲルマン祖語における語形よりももっと古い時代の語形を推測できる語です。

(5) foot
 a. 〘初 12c 以前；古英語 fōt（足）〙 （ジ英大）
 b. [900 年以前．中期英語 *fot*；古期英語 *fōt*；ドイツ語 *Fuss* と同語源；ラテン語 *pēs*（語幹 *ped-*），ギリシャ語 *poús*（語幹 *pod-*）と同根][2] （ラ英大）
 c. 〘OE *fōt* (pl. *fēt*) ← Gmc **fōt-* (Du. *voet* / G *Fuss* / ON *fōtr* / Goth. *fōtus*) ← IE **pŏd-*, **pĕd-* (L *pēs* / Gk *poús* (gen. *podós*) foot / Skt *pad-* foot): cf. fetter, pedal〙 （研英大）

まず記号の概説をします。母音の上の横棒（"¯"）（名称は macron /méikrən/) は，その母音が長音であることを示します（例：

---

[2]「同根」とは，語根が同じという意味であり，語根 (root) とは，「同系の諸言語あるいは一言語内のいくつかの語に見出される共通の意味を表す，それ以上分析できない形態」（広辞苑）を指します。

fōt = [foːt])。poús / podós のアクセント記号（´）は，その位置にアクセントが置かれることを示しますが，スペリングの一部と思ってさしつかえありません。*pŏd- / *pĕd- については，"˘"（名称は breve /bríːv/）は短音を表すので，これらの語の母音は短音または長音だった，ということです。語末のハイフン (-) は，語尾変化の部分が省略されていることを表します（語から語尾変化（あるいは，接辞）を除いた部分を「語幹」(stem) と呼び，語幹のさらに元になる部分を「語根」(root) と呼びます〔注 2 参照〕）。gen. は genitive（属格，現代英語の所有格に相当）の省略形で，ギリシャ語の主格の *poús* にない "d" が属格では現れることが示されています。つまり，foot は，主格ではなく，属格に由来することが示されているのです。

さて，foot の語源に関して大事なのは，ゲルマン祖語 (Gmc) よりももっと古い，そして広範囲である，印欧祖語 (IE, Indo-European)[3] にまでさかのぼれる，ということです。このことは，cat の語源欄にあげてある関連語がドイツ語の Katze だけであるのに対し（借入元のラテン語は除く），foot の場合には，ゲルマン語以外のラテン語 (L)，ギリシャ語 (Gk)，サンスクリット語 (Skt) があげてあることから明らかです。

---

[3] Indo-European (IE) とは，文字どおりインドからヨーロッパに及ぶ地域（西アジアも含む）で用いられていた諸言語の総称です。これらの諸言語は共通の祖先から派生したと考えられ，その理論上の共通言語も IE（印欧祖語 [基語]）と呼ばれます（別名：Proto-Indo-European）。印欧祖語は，紀元前 3000〜4000 年頃までには存在していたと想定されています。

補習授業　印欧語族（インド・ヨーロッパ語族）

　英語は，発音・文法構造など共通性が高いドイツ語，デンマーク語などとゲルマン語派を形成し，ゲルマン語派は，次のような言語グループとともに印欧語族を形成しています。これら広範な言語グループがすべて印欧祖語から派生したのです。

- ゲルマン語派（下段参照）
- イタリック語派（ラテン語；イタリア語，フランス語，スペイン語，ポルトガル語など）
- ケルト語派（アイルランド語，ウェールズ語など）
- スラヴ・バルト語派（ロシア語，ポーランド語，チェコ語，リトアニア語など；別々の語派とされることもある）
- インド・イラン語派（サンスクリット語；パーリ語，ペルシャ語，パシュトー語など）
- ギリシャ語（単独で1グループ扱い）

（以上のほか数グループ）

ゲルマン語派は次の3グループに分類されます。

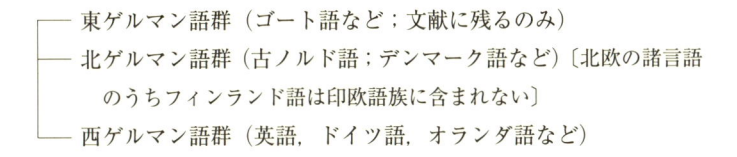

- 東ゲルマン語群（ゴート語など；文献に残るのみ）
- 北ゲルマン語群（古ノルド語；デンマーク語など）〔北欧の諸言語のうちフィンランド語は印欧語族に含まれない〕
- 西ゲルマン語群（英語，ドイツ語，オランダ語など）

注：「語族」＝共通の祖語から派生したと考えられる諸言語の総称（広辞苑）；「語派」は語族の下位分類。

4.3. フランス語からの借用語

英語にはフランス語からの借用語が多いことを知っている人も多いでしょう。それだけでも語源欄を理解する助けになりますが、フランス語の下位区分、すなわち、どの地方のフランス語か、いつの時代のフランス語か、を知っているほうが語源欄の記述をより深く理解できるようになります。

英語史との関連でフランス語を分類すると、以下の3種類に分類可能です。

1) 中央フランス語 (Central French, CF)：主にパリで用いられた。
2) ノルマンフランス語 (Norman French, NF)：ノルマンディ地方（フランス北西部）で用いられた。
3) アングロフランス語 (Anglo-French, AF)（別名 Anglo-Norman, AN)：11世紀から中世の終り頃まで英国で用いられた。

3) に関して、英国でフランス語が用いられた理由は、約300年にわたってフランス語が英国の公用語だったからです。1066年に英国を征服してノルマン朝を築いたウイリアム1世はノルマンフランス語を話し、1154年に建てられたプランタジネット朝（＝アンジュー朝）では中央フランス語が話されました。英語が公用語として復活したのは議会が英語で開催された1362年であり、1066年以後で英語を母語とする最初の国王はランカスター朝初代のヘンリー4世（在位 1399-1413）でした。

まずアングロフランス語から英語に入った語である story と、

それと関連のある語である history を見ましょう。

(6) story
   a. 〚初 13c；ラテン語 historia（歴史=history）〛
   　　　　　　　　　　　　　　　　　　　　（ジ英大）
   b. [1225 年以前. 中期英語 *storie* ＜アングロフランス語 *estorie* ＜ラテン語 *historia* HISTORY]　（ラ英大）
   c. 〚《? a1200》 *storie* ⎕ AF *estorie* = OF *estoire* (F *histoire*) ⎕ L *historia* 'HISTORY'〛　（研英大）

(6) の語源説明から，story は中英語の時代にアングロフランス語 (AF) *estorie* から借入され，それは古フランス語 (OF, Old French; 9～13 世紀頃) では *estoire* という語形であり，ラテン語の *historia* を借入したものである，ということがわかります。

(7) history
   a. 〚初 14c；ギリシア語 historía（調査で得た知識，過去を知ること）. story[1] と二重語〛　（ジ英大）
   b. [1393 年以前. 中期英語 *historie* ＜ラテン語 *historia* ＜ギリシャ語 *historía* 調査によって学んだり知ったりすること，歴史 (*hístōr*「知っている，または分かっている人」より；*hístōr* は WIT, VIDEO, VEDA と同根)；STORY と二重語]　（ラ英大）
   c. 〚《a1393》 *histori*(*e*), *histoire* ⎕ (O)F *histoire* // L *historia* ⎕ Gk *historía* knowledge gained by inquiry, historical narrative ← *hístōr* knowing, wise ← IE *weid- to see (⇨ vision): cf. story[1]〛　（研英

大)

(7) から読み取れる情報を箇条書きにして示します。

- history が英語の文献に現れたのは 1393 年よりも前であり (a=ante「以前」), 当時 (中英語期) の語形は *histori(e)* または *histoire* であった。
- *histori(e) / histoire* は, 中央フランス語の *histoire* またはラテン語の *historia* から英語に借入された ((O)F はここでは Central French のこと〔O は誤植に非ず〕; (7c) の "//" は「または」(or) を表す)。
- *histoire* または *historia* は, ギリシャ語の *historía* からの借用語であり, *historía* は *hístōr* からの派生語であり, *hístōr* は印欧祖語の *weid-* と推定される形式からの派生語である (*historía* などの意味は (7b) 参照)。
- *hístōr* あるいは **weid-* と語根 (注 2 参照) が同じである語に *wit, video, vision, Veda* がある。
- 中央フランス語またはラテン語から英語に入った history と, アングロフランス語から英語に入った story とは二重語である。[4]

次は古ノルマンフランス語からの借用語です。

(8) catch (捕まえる)
    a. 〖初 [動] 13c; [名] 15c; ラテン語 captare (つかむ). cf. capture, capable, chase, occupy〗 (ジ英大)

---

[4] 二重語=語源が同じで, 語形・意味が異なる同一言語内の 2 語。

b. [1200年以前? 中期英語 *cacchen* 追いかける, 捕らえる < 古期北フランス語 *cachier* < 俗ラテン語 *captiāre（ラテン語 *capere*「取る」の反復形 *captāre*「飛びつく, 捜し出す」に相当）]　（ラ英大）

c. 〚《? a1200》▭ ONF *cachier* = OF *chacier* (F *chasser*) < VL *captiāre = L *captāre* to try to seize, hunt (freq.) ← *capere* to take: CHASE¹ と二重語: to take の意味は ME *lac(c)he(n)* 'to take, LATCH' の影響〛（研英大）

(8b) の説明中の「古期北フランス語」と (8c) の "ONF" (Old Norman French) は同じことを指します。(8) を補足しながら要約しておきます。

- ノルマンフランス語の *cachier* は中央フランス語の *chacier* に対応していた。
- *cachier* は, 推定形である俗ラテン語 (VL, Vulgar Latin)（1〜8世紀頃の口語ラテン語）の *captiāre から発達した形式である。
- catch はノルマンフランス語から英語に入ったので, 語頭部分は /k/ と発音され, chase（追いかける）は中央フランス語から借用されたので語頭部分は /tʃ/ と発音される（現代フランス語の発音は /ʃ/ だが, 当時の発音では /tʃ/）。
- 両語は借用経路が異なる二重語であり, どちらもラテン語の *captāre* に由来する。

上の例にみられるように, ノルマンフランス語の /k/ と中央フラ

ンス語の /tʃ/ は対応しています（他の例：cattle / chattel）。このほか，/w/：/g/ の対応も見られます（例：warden / guardian; warranty / guaranty; wage / gage）。これら括弧内の例も二重語を成しているので，興味があれば語源を調べてみてください。地域を限定しなければ，フランス語からの借用語は英語辞典のほとんどのページを開いても見つけることができます。

4.4. ラテン語からの借用語

借用語の中にはフランス語から入ったのかラテン語から入ったのか不明なものもありますが（(7c) 参照），ラテン語から入った動詞にはある特徴があります。過去分詞（完了分詞）の語尾を落とした形で取り入れられているということです。

(9)　abduct（誘拐［拉致］する）
　　a.　〖初 19c；ラテン語 abducere の過去分詞 abductus より；「ab-（から離れる）+ -ductus（導く）」〗[5]　（ジ英大）
　　b.　［1834. ＜ラテン語 *abductus*〔*abdūcere*「外転させる」の過去分詞〕］（ラ英大）
　　c.　〖((1834)) ← L *abdūctus* (p.p.) ← *abdūcere*（⇨ *abduce*）〗（研英大）

abduct は，不定詞形である *abdūcere*（これには "t" が含まれていない）ではなく，過去分詞形である *abdūctus* から英語に借用されて

---

[5] "abducere"（macron なし）は原文のまま（macron = 長音記号；例 (5) 参照）。『ラ英大』の abuductus も原文のまま。

います (p.p. = past participle「過去分詞」)。このほか,ラテン語の過去分詞形からの借用語としては次のような語があります: act (行為), conduct (行為), contact (接触), direct (指図する), impact (衝撃), product (製品), strict (厳しい); abbreviate (短縮する), adequate (適した), educate (教育する), illustrate (例証する), imitate (模倣する), nominate (指名する) など。

4.5. バイキングの影響

英語はフランス語のほか,バイキングのことばの影響も受けています。彼らが8世紀頃から英国に侵入・定住したためです。これらの古代北欧人 (Norseman / Northman) は,英語史上は,デーン人 (Danes) と呼ばれ〔デンマーク人だけでなくノルウェー人も含む〕,彼らのことばは Old Norse (ON「古ノルド語」)〔7~14世紀頃の北欧語の総称;研究上はしばしば古アイスランド語が代表とされる〕と呼ばれています。ON はもともとゲルマン系の言語なので (p. 105 参照),デーン人からの借用語は,一見,英語本来の語と区別しがたいほど英語に溶け込んでいます。たとえば,egg, husband, law, skirt, window; call, die, hit, take, want; ill, loose, low, meek, weak, wrong; they, their, them, both, same; till, though など日常的な語が多く見られます。ここでは,『研英大』の語源欄の記号の紹介を兼ねて,egg だけ見ておきます。

(10) egg
 a. 〖初 14c;古ノルド語 egg(卵)〗 (ジ英大)
 b. [900年以前. 中期英語 *egg* <古ノルド語 *egg*;中期

英語では本来語 *ey* と古ノルド語に由来する *egg* が併存し，今日の *egg* は古ノルド語系の *egg* が中期英語 *ey*（古期英語 *ǣg*）に取って代わったもの (cf. ドイツ語 *Ei* 卵)；ラテン語 *ōvum*，ギリシャ語 *ōión*「卵」と同根］（ラ英大）

c. 〘n.:《c1340》*eg*(*ge*) ⊏ ON *egg* ∽ ME *ei* < OE *ǣġ* < Gmc *ajjaz (Du. *ei* / G *Ei*) ← IE *ōwyo- (L *ōvum* / Gk *ōión*). —v.:《1833》← (n.): cf. IE *awi- bird (L *avis* / Skt *vis*)〙（研英大）

(10c) の "∽" は「再構成形」を表します（私は「入れ替わり記号」と呼んでいます）。つまり，(10b) の説明のように，もともとあった同義・同語源で類似の語形の *ei* / *ey* に取って代わって *egg* が使われるようになったことを表します。類似の例としては，debt（借金）があります。中英語では *det*(*t*)*e* でしたが，ラテン語 (*dēbitum*) には "b" があるので，"b" が入れられるようになり，"b" のない形と入れ替わりました。(10c) で *ǣg* の "g" の上に点がついているのは，発音が，「エァーグ」ではなく，「エァーイ」に近いものだったことを示しています。

　本章をここまで読み進んでくれば，現代英語を勉強するには古くさい語源の知識なんて不要だ，とはだれも言わないでしょう。語源欄の情報を読み取れるようになれば，それぞれの語の歴史をより身近なものとして実感するようになります。実用的には，意外な語同士が親戚関係にあることに気づいたり（例：二重語），もとの意味からの変化を発見したりして（例：history, warden, abduct），それらの語は深く記憶に残ることになります。

4 語源に関する情報を読み取る　113

☕ コーヒーブレーク　ひとことで言うと

ある英和辞典に次のような項目がありました（現在は訂正済）。

turn cartwheels
横にとんぼ返りをして行く（両腕・両足が車のスポークのようになる）：

日本語がイマイチよく分からないので，OED を引いてみると次のような説明がありました。

to turn cart-wheels
to execute a succession of lateral summersaults, as if the feet and hands were spokes of a wheel; also *Catherine-wheels*.

上の日本語は OED のほぼ忠実な翻訳なのですね。体操の専門家でなくても，ちょっと考えれば，「側転する」という日本語を思い付きそうなものです。

次の定義も直訳調です。clip joint は「ぼったくりバー［店］」としたいところです。rumble strip は道路公団等では「薄層［段差］舗装」と呼ばれています。一般的には「減速舗装」（プログレッシブ等）も使われるようです。「でこぼこ区域」は訳語としては調査不足と言わざるをえません。

clip joint《俗》法外な料金をふんだくるナイトクラブ［酒場］（など）．　（研英大）
a bar or NIGHTCLUB where customers are charged too much for food and drink of low quality.　(CALD3)

rumble strip でこぼこ区域《路面減速表示の一つ．交差点や危険な地域の近くの路面でドライバーに注意を促すために作られた

道路表面上のでこぼこ》.（ジ英大)

a series of raised strips across a road or along its edge that make a loud noise when a vehicle drives over them in order to warn the driver to go slower or that he or she is too close to the edge of the road　(OALD8)

　中村保男 (2002: 51)* は，assign の「人員や部隊をある指揮系統に比較的長期に所属させる」という定義について,「この定義をひとことで表現している日本語は何か，それを考えるのが翻訳者の務めだ」と述べ,「配属する」という訳語を指摘しています。本来は，翻訳者の務めは文脈に応じた訳語を考えることであって，ひとことで表現する日本語を考えるのは辞書執筆者の仕事ではないでしょうか。assign の場合は，辞書執筆者の語学力不足のため，翻訳者に余計な労力をかけさせることになったようです。

* 中村保男 (2002)『新編　英和翻訳表現辞典』研究社。

5　情報発信の仕方を読み取る

5.0.　情報発信の仕方

　本章では，英語辞典が利用者に向かってどのような態度で情報を発信しているか，つまり，わかりやすくしようとする努力をどの程度しているか，について考えていきます。辞書を評価するには時間をかけて使いこむことが必要ですが，以下は辞書を評価する際に考慮すべき事項です。

5.1.　現地主義

　「現地主義」は，もと岩崎民平氏 (1892-1971;『新簡約英和辞典』などの編集者) のことばだそうです (文献では未確認)。その意味するところは，英和辞典の各項目はその項目に必要な情報をすべて含んでいなければならない，ということです。たとえば，know の項目には，その発音，活用形，語義，例文，注意事項 (例：進行形不可)，(辞書によっては) 語源など関連事項をすべて記載し，他の項目を見なくてもすむように know の項目中で完結した情報を提示することです。

「現地主義」という観点から『G4』を見ると，この原則が守られていない項目もあります．具体的に例をあげると，apple の項目に可算性に関する有益な解説がありますが，他の果物に関する項目では同様な解説がなく，apple の項目を参照する指示もありません．これでは，利用者にこれらの語の用法に関する十分な情報を与えたことになりません（§2.2.2 参照）．また，形容詞の進行形に関する説明も同様なので，§2.4.3（最終段落近く）も参照してください．

『G4』の名誉回復のために，同辞典が「現地主義」に従いつつ，類義語との相違をうまく解説している例を紹介しておきます．

(1) a. **above** [前] 1 [空間的位置]（表面から離れて）…の上に[の]，…の上方に[の]，…より高く[高い]；…の上に(出て)《◆真上を含めて広く上方の位置を示す；over は真上を示し覆いかぶさる感じを伴う》．

　　b. **over** [前] 1 [非接触空間位置] a)…の上に，…の上方に；(覆うように)…に突き出て，張り出して《◆over は「離れて真上に」という垂直な関係を表し，しばしば覆いかぶさる感じを伴う．above は真上を含めて広く上方の位置を示す．on は「接触して上に」の意味》．

これらの語には図も付いているので，ぜひ見比べてください．

補習授業　コンマ (,) とセミコロン (;)

　語義の大きな区分は，ふつう，数字で表され，同じ番号の中での下位区分はアルファベットで表されます．必要に応じて，これら以外の記号も意味の区別に使われています．

　picturesque　*adj.*
　a.　1　絵のような，(絵のように)美しい；色彩に富んだ，画趣に
　　　　 富む；一風変わった．
　　　2　〈言語・文体が〉生き生きした，写実的な．
　　　3　〈人が〉個性の強い，独創的な，面白い．　（研英大）
　b.　絵のような，美しい，画趣に富む；〈言語・文体が〉生きいきした；〈人が〉個性に富む，独創的な，おもしろい．　（リ英和）

　a も b もほとんど同じ訳語をあげていますが，b では数字による語義の区別がまったくなされていません．つまり，a は意味を細分し，b はあまり意味区分を設けない方針で編集されています．しかし，この相違にもかかわらず，両辞書とも共通に従っている約束ごとがあります．訳語の意味が近いときは，訳語の区切りにコンマ (,) を用い，意味がやや離れているときは区切りにセミコロン (;) を用いるということです．訳語は，無造作に羅列されているわけではないので，ふつう，セミコロンを超えて順序を入れ替えることはできません．このことを念頭に置いて上の例を読みなおせば，コンマひとつおろそかにできないことがわかるはずです．

　英和辞典におけるコンマとセミコロンの使い方を知っていれば，語義の選択にいっそう注意を払うようになってきます．

5.2. 縦読み

「縦読み」は,忍足欣四郎 (1982: 133)[1] で使われていることばです。定義はされていませんが,「相互参照や関連項目(音楽演奏の指示,数詞,黄道十二宮,ギリシャ・ローマ神話の神々,春夏秋冬,東西南北,down と up, this と that 等々)」の記述形式が統一されているかどうか検討する作業を指します。言い換えれば,同一辞書内で関連項目が整合的に記述されているかどうかを調べることです。

第2章で指摘した記述の不統一は,編集者の「縦読み」が不十分だったためと言えます(第2章,注3,注17,注23,注24参照)。

「縦読み」という観点から『ジ英大』を見ると,動物の肉については,(動物名が1種類だけでないとき)「1の肉」,「その肉」という2種類の表記法があります(第2章,例 (8) 参照)。また,同辞典の説明中では,多くの場合,「プリンター」という表記が使われていますが, bubble jet printer, cassette, document feeder, page printer, sprocket, tractor feed では「プリンタ」と表記されています (bubble jet printer / page printer は『G4』では「プリンター」;他は『G4』に項目なし)。

『研英大』の固有名詞を「縦読み」すると, da Vinci, Oxford, Vatican は,「ダビンチ」「オックスフォード」「バチカン」のほか,「ダ ビンチ」(スペースあり)「オクスフォード」「ヴァチカン」という表記も見られます(出版社名としての「オックスフォード」は除く)。

以上は,情報発信の仕方が不統一であるにもかかわらず,編集

---

[1] 忍足欣四郎 (1982)『英和辞典うらおもて』岩波新書 180。

者の目が行き届かなかった例です。ある程度は不統一が残るかもしれませんが、辞書の電子化に伴い、編集者と出版社が気を付ければ表現の不統一は避けることが可能になると思われます。同時に、利用者には不統一を見つけやすくなります。

5.3. 訳語の相互的関連

近い意味は近い位置に置く: 利用者にとっては、類似の語義は近い位置に配列されているほうが意味の連続性（あるいは関連性）を理解しやすくなります。辞書によっては、使用頻度順に意味を並べる方針をとっているものもありますが、頻度重視に偏ると、その語の意味の連続性がわかりにくい場合があります。『研英大』（第5版，1980）では、(2) の左側のように、「回転」を含む訳語が三つ続いたのち、「回転」とは無関係な語義が二つ続き、その後また「回転」を含む訳語があげてありました。同辞書の第6版 (2002) では右側のように改定されて、「回転」と関連の強い語義は連続して提示されています。同様に、maiden も (3) の左欄から右欄のように改定されています。語義 1a と語義 5 との相違は人と動物との相違に由来するので、1a と 5 は同一語義の下位区分として記述するほうが適切だからです。

(2) whirligig *n*.

1 回転おもちゃ《独楽(こま)・風車など》.	1 回転するもの：a 回転おもちゃ《こま・風車など》. b 回転木馬. c 旋回装置.
2 回転木馬.	
3 回転運動，旋回運動；	

変転, 輪廻(りんね).
4 〖昆虫〗= whirligig beetle.
5 《廃》奇想.
6 回転するもの；旋回装置.
7 《古》軽薄な人, 落ち着きのない人.

2 回転運動, 旋回運動；変転, 輪廻(りんね).
3 〖昆虫〗= whirligig beetle.
4 《古》軽はずみな人, おっちょこちょい.
5 《廃》奇想.

(3) maiden *adj.*
attrib. 1a 処女の；未婚の, 独身の. b 処女らしい.
5 〈雌の動物が〉交尾の経験のない；子を生んだことのない.

[限定的] 1a (年配の女性について) 処女の；未婚の, 独身の. b 処女らしい. c 〈雌の動物が〉交尾の経験のない；子を産んだことのない.

意味の連続性を示すよう訳語を工夫する： 意味を正しく伝えていても, 訳語にひと工夫ほしい場合があります。たとえば, (4) 左側では 1 と 2 が別義とされていて意味の関連があまりはっきりしませんが, (4) 右側では「泣きごと」という訳語が入れられているので, 意味の連続性がよくわかります。

(4) cry baby
1 泣き虫, 弱虫《特に子供》.
2 《口語》(失敗などに)

泣き虫, 弱虫；泣きごと[ぐち]を並べる者. (リ英和)

ぐちる人，ぐちをこぼす人．　(研英大)

　類例を探してみましょう。come in はクリケット関連では (5) のような意味で用いられますが，原義が「中に入る」であることを考えれば，「打席に入る」という訳語を加えるほうが意味の連続性をとらえやすくなります。同様に，『研英大』の go in の訳語に関しても，＋の後の訳語を追加（またはその語に変更）すれば，共通の意味から派生していることがいっそう明らかになります。

(5) come in〔数字は各辞典における句義番号〕
  a. (21)〚クリケット〛イニングを始める，打席に立つ．(研英大)
  b. (9)〚クリケット〛打手となる；イニングを始める．(ラ英大)
  c. (13)〚クリケット〛打席に立つ，イニングを始める．(ジ英大)
  d. 〚クリケット〛打席に入る．　(本書試訳)

(6) go in〔数字は『研英大』における句義番号〕
  (4) 〈太陽・月などが〉雲に隠れる，陰る．＋雲の陰[後ろ側]に入る．
  (6) (競技などに)参加する，〔事業などに〕加わる〔*with*〕．＋参入する．〔注：括弧の形は原文のまま〕
  (11) 〚クリケット〛打者となる，打撃側になる (go to bat)．＋打席に入る．

　go in には「理解する」という意味もあります。(7) の意味に

「頭に入る」という訳語を加えれば,読者には go in の意味のつながりを理解しやすくなると思われます。

(7) go in 〔数字は『ジ英大』における句義番号〕
(4) 〈事が〉理解できる,わかる.＋頭に入る.

別義である理由を示す: わかりやすい訳語をあげることに加えて,語義 1 と語義 2(あるいは句義 (1) と句義 (2))とがなぜ区別されるのかに関する説明があれば利用者に理解しやすくなります。たとえば,『研英大』(第 5 版;sv, run¹) では,(8) 左側のように,語義 18b と語義 19a は区別の基準が不明でした。形容詞の補語を伴っていれば,19a に含まれるはずなのに,18b にも形容詞を含む例があげてあったからです。同辞典第 6 版では,(8) 右側のように,疑問の生じない説明へと改定されています。[2]

(8) **run**¹ *vi*.

18b (出来が)大体...である:Our peaches have *run* big this year. 今年はうちの桃は大きいのができた. 〔下線は筆者〕

18 (できが)大体[平均して,一般に]...である:Our peaches have *run* big this year. 今年はうちの桃は概して大ぶりだ.

19a [形容詞の補語を伴って]〈ある状態に〉なる,変わる:*run* amock 暴れ狂

19a [悪い状態を表す形容詞の補語を伴って]〈ある状態に〉なる,変わる:

---

[2] もとの 18a および run amock は第 6 版では成句にまわされています。

う / *run* mad 発狂する / *run* dry 乾く.

run mad 発狂する / *run* dry 乾く：〈水・乳などが〉出なくなる，かれる．

訳語と構文を関連づける： 語義の区分は，構文も考慮して行うほうがわかりやすい場合があります．たとえば，(9) 左側の a, b, c の違いは意味の違いというよりもむしろ構文の違いによるものなので，右側のように，目的語の相違を明示し，さらに，with を用いて書き換え可能であることを示すほうが辞書の記述として優れています（第 2 章，例 (48) も参照）．

(9) **cram**

vt. 1 a 〈場所などを〉(必要[適切]以上に)無理にいっぱいにする：詰め込む〔*with*〕：*cram* a bus *with* passengers バスに乗客をぎゅうぎゅう詰めにする．
b 〈人・物を〉(無理に)押し込む〔*into, down*〕：*cram* papers *into* a drawer 書類を引出しに押し込む．
c 無理に食わせる：(特に)〈飼鳥を〉(太らせるた

[動] (他) 1 〈物・人〉を〔物に〕ぎっしり詰める (+*in*) 〔*into, onto*〕；〈物・場所〉を〔物・人で〕いっぱいにする (+*up*, *down*)〔*with*〕 ‖ The boy *crammed*「all his clothes into the bag [the bag with all his clothes]. その少年は衣類を残らずカバンに詰め込んだ / The theater was *crammed* with people. 劇場は満員だった．　(G4)

> めに)飽食させる: *cram*
> poultry *with* food 鶏にた
> らふくえさを食べさせる.
> (研英大)

上と同様な with による書き換えは，dot (点在する)，hang (つるす)，heep (積み上げる)，impress (押し付ける)，inprint (刻印する)，inject (注入[注射]する)，litter (散らかす)，load (載せる)，pile (積み上げる)，plant (植える)，scatter (散らかす)，smear (塗りつける)，sprinkle (ふりかける)，stab (刺す)など多くの動詞で可能です．数種類の辞書を「縦読み」しながら引き比べて，どのように記述されているか調べてみてください．

以上，辞書の評価にかかわる事項を述べてきました．本章で紹介した「現地主義」と「縦読み」は，初めて見る辞書を評価するときの大まかな基準として利用可能です．思いつくままに関連事項を「縦読み」していけば，記述がよく統一されているか，それとも杜撰であるかを簡単に見分けることができます．

訳語に関しては，以下の観点から辞書を読めば，良心的な記述であるかどうかが見えてきます．

a) 近い意味は近い位置に配列されているか
b) 別の語義として区分されている場合，語義同士の関連性が浮かび上がるような訳語があげてあるか
c) 別義である理由は述べられているか
d) 訳語は構文と関連づけられているか．

以上に加えて，e) も考慮すべき事項です．

e) 古くなった日本語が使われていないか ("ことばは生物(いきもの), 辞書は生物(なまもの)" (p. 16) 参照)。

わかりやすい記述であれば, 執筆者自身がよくわかったうえで, よく考えて執筆しているということです。

☕ コーヒーブレーク　電子辞書の選び方

電子辞書を買うときには, 次の3点に注意が必要です。

1　必要な辞書が含まれているか。

電子辞書ではたいてい数冊の辞書が抱き合わせになっています。辞書の数が多ければよい, というものではありません。大学以上のレベルならば, 最低でも, (1) 収録語数が多い大型の英和辞典, (2) 文法や日英語の相違の説明に詳しい中型の英和辞典, (3) 英作文用にコロケーションに詳しい英語辞典, (4) 英英辞典, および (5) 国語辞典がそれぞれ1冊 (以上) 入っているものでなければ, 役に立ちません (主要な辞書の特徴に関しては, 第6章の表を参照)。これらの辞書が含まれていても, 紙の辞書で改訂版が出版された直後は, 電子辞書でも改訂版になっていることが確認できるまでは購入を控えるほうが無難です。

2　図・画像が含まれているか。

最近は図や画像が表示される電子辞書も一般化してきましたが, まだこれらが表示されない電子辞書もあります。文字だけの電子辞書では, 視覚的な説明を見落とすことになるので, 紙の辞書で調べて, 電子辞書にも同じ図が含まれているかどうか確認が必要です。

予算に余裕があり，必要度が高い場合を除き，画像はカラーでなくてかまいません。音声に関しては，英単語の発音機能が付いているほうが便利ですが，発音記号に注意を払いながら音声を聴かなければ，発音機能を十分に活用していることにはなりません。

3　凡例(はんれい)が含まれているか。

　私見では，これがいちばん大事な基準です。凡例を含んでいない電子辞書は，メーカーになんらの理念もないことを示しています。おそらく，メーカーの担当者自身まともに辞書を利用したことがないのでしょう。凡例がなければ辞書の約束ごとを調べることができない，という初歩的事実を知らないか無視しているかです。凡例を含んでいない電子辞書を買うのは大金をドブに捨てるのと同じと言っても言いすぎではありません。すでに持っている電子辞書が凡例を含んでいない場合は，同じ辞書の書籍版で凡例（辞書によっては「この辞書［辞典］の使い方」）を熟読する必要があります。次回は別のメーカーの辞書をよく調べて購入しましょう。

6 諸辞典の情報を比較する

6.1. 全般的比較

本章ではさまざまな英語辞典がどれほどの量の情報を，どのように，発信しているか比較します。まず，比較する項目を簡単にまとめておきます。

1) 出版年（英英辞典は外国人を対象とする最近の辞書に限定）
2) 収録語数（出版社の発表から引用）
3) 出版媒体（CD-ROM または DVD-ROM で入手可能か；英英辞典の多くはオンラインで利用可能）
4) 分節法
   行末での分割の可否を示す区別があるかないか（例：a-bil·i-ty か a·bil·i·ty か；一覧表では代表例として ability の分節法を示す；cf. §1.2）。
5) 発音表記
   a) 1音節の語の場合，アクセント記号が付けられているかいないか（例：/pén/ か /pen/ か；一覧表では代表例として pen のアクセント表記法をあげる。角括弧で囲まれてい

るか，斜線で囲まれているかも示す；cf. §1.3)。
- b) 表記は詳細か簡略か（例：/l/ のみか，/ɫ, l̥/ も使用か；/t/ のみか，/t̬/（または /t̮/）も使用か；一覧表では代表例として little の発音表記法を示す；cf. §1.3)。

6) 名詞
- a) 複数形の記載は詳細か簡略か（例：book など規則変化の複数形の場合，〜s という記載があるかないか；cf. §2.2.1)。
- b) 可算性が記載されているかいないか（[C] [U] の表示があるかないか；cf. §2.2.2)。

7) 動詞
- a) 過去形・過去分詞形など活用形の記載は詳細か簡略か（例：look など規則変化の場合，〜ed という記載があるかないか；cf. §2.3.1)。
- b) 文型はどのように表示されているか（例：見出し語 put の場合，次のどの表示法がとられているか："SVOM"（一覧式），"場所の副詞語句を伴って"（記述式），"+[副]"（略述式），"put something in/on/through etc something"（例文式）；cf. §2.3.3)。

8) 形容詞
- a) 比較級・最上級の記載は詳細か簡略か（例：tall など規則変化の場合，"〜er"，"〜est" という記載があるかないか；cf. §2.4.1)。
- b) "比較なし" という記載があるかないか (cf. §2.4.1)。
- c) 用法の分類はどう表記されているか（例："限定的"，"[名] の前で"；cf. §2.4.2)。

9) 副詞

文副詞の位置に関する記載があるかないか（例："文頭で"; cf. §2.5）。

10) 語源
   a) 初出年が記載されているかいないか（例："初 13c", "1225 年以前"; cf. §4）。
   b) 語源である語形の意味が現在の意味と異なるとき，日本語訳が記載されているかいないか（例："*cacchen* 追いかける"; cf. §4）。

11) 類語
   類(義)語の説明があるかないか（類語欄または本文中で danger, rich, kill, laugh, refuse のうち 4 語以上に類(義)語の説明があれば○，2〜3 の場合は△，一つ以下は×で表示）。類語に関する相互参照があれば○，なければ×を括弧内に付す。

12) 語義の全体表示
   多義語の場合，語義の全体表示〔メニューあるいはプロフィールと呼ばれる〕があるかないか。

13) その他
   語法欄，連語欄などがあるかないか。

以上の項目を辞書ごとに比較した結果を次ページ以下に一覧表で示します。

	ラ英大	リ英和およびプラス	Gコンサイス
出版年	1994（2版）	1999（2版）＋2000	2001
収録語数など	34.5万語	27万項目＋19万語	36万項目
紙以外の媒体	CD	CD	×
音節表示	a・bil・i・ty	abil・i・ty	音節表示なし
1音節語の強勢	[pén]	/pén/	[pen]
発音の表記法	[lítl]	/lít'l/	[lítl]
規則変化複数形	×	×	×
[C] [U] の記載	×	×	×
規則変化過去形等	×	×	×
文型表示	記述式	記載なし	記載なし
規則変化比較級等	×	×	×
"比較なし"記載	×	×	×
用法の表記	限定的・叙述的	attrib・pred	記載なし
文副詞の位置	×	×	×
語源欄：初出年	○	×	×
語源欄：日本語訳	○	×	×
類語（相互参照）	○ (○)	×	×
語義の全体図	×	×	×
その他	語法・文化等は▶付きで本文中で解説　作品名一覧		

6 諸辞典の情報を比較する

	ジ英大	研英大	研英中
出版年	2001	2002（6版）	2003（7版）
収録語数など	25.5万語句	26万項目	10万語句
紙以外の媒体	CD	CD	CD
音節表示	a‐bil・i・ty	a・bil・i・ty	a・bil・i・ty
1音節語の強勢	/pén/	/pén/	/pén/
発音の表記法	/lítl/	/lítl/	/lítl/
規則変化複数形	×	×	×
[C] [U] の記載	○	×	○
規則変化過去形等	×	×	×
文型表示	一覧式	記述式	記述式 略述式も併用
規則変化比較級等	×	○	○
"比較なし"記載	○	×	○
用法の表記	限定・叙述	限定的・叙述的	[A]・[P]
文副詞の位置	○（部分的）	×	×
語源欄：初出年	○	○	×
語源欄：日本語訳	○	×	○
類語（相互参照）	○ (○)	○ (○)	○ (○)
語義の全体図	○（電子辞書）	×	×
その他	語法	語法, 類義語, 日英比較等に関する欄	解説, 比較, 語法, 用法等に関する欄 ★による注記

	ルミナス	G4	ウィズダム
出版年	2005 (2版)	2006 (4版)	2007 (2版)
収録語数	10万語句	9.6万語句	9万項目
紙以外の媒体	CD http://www.kenkyusha.co.jp/	CD	http://wdme1.dual-d.net/
分割可否の区別	a·bil·i·ty	a-bil·i·ty	a·bil·i·ty
1音節語の強勢	/pén/	/pén/	/pen/
発音の表記法	/lítl/	/lítl/	/lít(ə)l/
規則変化複数形	○	○	○
[C] [U] の記載	○	○	○
規則変化過去形等	○	○	○
文型表示	記述式 (例文の後で) 略述式	一覧式	略述式
規則変化比較級等	○	○	○
"比較なし"記載	○	○	○
用法の表記	[A]・[P]	限定・叙述	[名] の前で・be ~
文副詞の位置	×	○ (部分的)	○ (部分的)
語源欄:初出年	×	×	×
語源欄:日本語訳	○	○	○
類語 (相互参照)	○ (○)	△ (○)	○ (○)
語義の全体図	○	○ (語義展開図)	×
その他	語法, 関連語, 日英比較, リスニング, 連語, コーパス・キーワード等に関する欄	語法, 文法, 類語比較, 関連語句等に関する欄	語法, 関連表現, 類義, 会話例, コーパス等に関する欄 [/] による注記

	Ａコズミカ	オーレックス	プログレッシブ
出版年	2008	2008	2012（5版）
収録語数	9万項目	10万項目	13.8万語句
紙以外の媒体	×	（電子辞書）	yahoo等（4版）
音節表示	a·bil·i·ty	a·bil·i·ty	a·bil·i·ty
1音節語の強勢	/pen/	/pen/	/pén/
発音の表記法	/lítl/	/lítl/	/lítl/
規則変化複数形	○	○	×
[C] [U]の記載	○	○	○
規則変化過去形等	○	○	×
文型表示	記述式	略述式	記載なし
規則変化比較級等	○	○	○
"比較なし"記載	×	○	×
用法の表記	名詞の前に置いて名詞の前では用いない	限定・叙述	限定・叙述
文副詞の位置	×	×	×
語源欄：初出年	×	×	×
語源欄：日本語訳	○	○	○（原義）
類語（相互参照）	△（○）	○（○）	△（△）
語義の全体図	○（プロフィール）	○	○
その他	語法，連語，類語，意味変化，英米文化，日英比較等に関する欄	語法，連語，定型表現，名言名句，母語話者アンケート等に関する欄	コーパス，類語，語法等に関する欄

	MED2	CALD3	CCAD6
出版年	2007	2008	2009
収録語数	不明 (初版は 10 万項目)	17 万語句	不明 (4 版は 11 万項目)
紙以外の媒体	CD	CD	CD
音節表示	音節表示なし	/əˈbɪl.ɪ.ti/ (発音記号中)	abil|ity (分割可能表示)
1 音節語の強勢	/pen/	/pen/	/pen/ (CD にはなし)
発音の表記法	/ˈlɪt(ə)l/	/ˈlɪt.l̩/ /ˈlɪt̬-/	/ˈlɪt̬ᵊl/ (CD にはなし)
規則変化複数形	×(CD では○)	×	○
[C] [U] の記載	○	○	○
規則変化過去形等	×(CD では○)	×(CD では○)	○
文型表示	例文式	略述式	略述式
規則変化比較級等	×(CD では○)	×	○
"比較なし"記載	×	×	×
用法の表記	only before noun never before noun	before noun after verb	ADJ n v-link ADJ など
文副詞の位置	×	×	×
語源欄：初出年	語源欄なし	語源欄なし	語源欄なし
語源欄：英語訳	語源欄なし	語源欄なし	語源欄なし
類語（相互参照）	△（×） (CD では○)	×（CD では○）	類語列挙のみ
語義の全体図	○	×	○ (多義語の大分類)
その他	類語，連語，メタファー，文化背景，誤文等に関する欄 辞書中央部に文書作成のための解説	連語および誤用に関する欄 巻末に分野ごとの表現例・文法解説 CD では語義ごとに別見出し	定義および語法は例文形式 関連語および連語に関する欄 巻頭に語彙問題，巻末に文法概説，場面ごとの表現例等

	LDOCE5	OALD8
出版年	2009	2010
収録語数	23万語句	18.45万項目
紙以外の媒体	DVD	DVD
音節表示	a·bil·i·ty	abil·ity (分割可能表示)
1音節語の強勢	/pen/	/pen/
発音の表記法	/ˈlɪtl/	/ˈlɪtl/
規則変化複数形	×	×
[C] [U] の記載	○	○
規則変化過去形等	×（DVDでは○）	×（DVDでは○）
文型表示	略述式	略述式
規則変化比較級等	○	○
"比較なし"記載	△（部分的）	×
用法の表記	only before noun not before noun	only before noun not before noun
文副詞の位置	×	×
語源欄：初出年	×（DVDでは概略）	×（DVDでは概略）
語源欄：英語訳	×（DVDでは○）	×（DVDでは○）
類語（相互参照）	○（○）	△（△）（DVDでは同意語羅列）
語義の全体図	×	×
その他	文法，連語，使用域，関連語，誤用等に関する欄 辞書中央部に文書作成のための解説 DVDには追加資料	文法，類語，関連語等に関する欄 誤用例は本文中 巻末に文書作成のための解説・イラスト DVDには追加資料

6.2. 個別的比較

日本人が間違いやすい文法的事項について解説があるかどうか，訳語は適切か，ということに関してもチェックします。特定の辞典に有利あるいは不利にならないよう，以下の複数の項目について比較します。

1) 文法・語法
   a) 進行形不可
      consist, know, love (vt.), mind (vt.), recall のうち4語以上に"進行形不可"の注記があれば○，2〜3の場合は△，一つ以下は×で表示。
   b) 受身不可
      consist, escape, mind, recall, undergo のうち4語以上に"受身不可"の注記があれば○，2〜3の場合は△，一つ以下は×で表示。
   c) 文型
      以下の用法に関して説明があるかないか：
      ×discuss about；×explain him that 節；×suggest to do；stop to do と stop doing を対比しつつ意味の違いが説明されているか；try to do と try doing を対比しつつ意味の違いが説明されているか。
   d) 冠詞
      次のような例があげてあるかないか（どちらか一方の類例があれば○）：
      an estimated 100 students [extra three minutes].

2) 意味・訳語

以下の語(句)に以下の訳語（または，別表現の適切な訳語）があるかないか（"ことばは生物，辞書は生物"(p. 16) 参照）：

a) 直訳調でない訳語

clip joint ぼったくりバー；rumble strip 薄層［減速］舗装。

b) より自然な（最近の）日本語・必要な訳語

abduction 拉致；compartment (vt.)（または compartmentalize）(間)仕切る；education 学歴；five and ten 均一低価格［格安］ショップ[1]；go in 頭に入る；into はまっている；liquefaction 液状化；maintenance 保守[2]；manual 取り扱い［操作］説明書[3]；neglect 不履行；ticket (交通)違反［反則］切符；white goods 白物(家電)。

c) 新語・新語義

computer-assisted コンピュータ(ー)支援の；domestic violence 家庭内暴力[4]；groom（淫行目的でチャットなどを通して児童を）手なずける，誘い出す；iPS cell 誘導多能性幹細胞；sexless 性交渉のない，セックスレスの；text (v.)（携帯でメールを）送信する。

---

1 「安い商品」は「安物」（しばしば「粗悪品」を指す）と同義ではないので「安物店」は不正確。
2 「メインテナンス」のみでは英和辞典としては不十分。
3 「マニュアル」のみでは英和辞典としては不十分。

    4　カタカナのままでは英和辞典としては不十分。「配偶者間暴力」は限定しすぎ。

　以上の項目に関する比較結果は次ページ以下に一覧表で示してあります（英英辞典に関しては 1) と 2c) の一部のみ）。

注意：130 ページからの表と以下の表とで，×が多い辞書は他の辞書より劣っている，というわけではありません。そういう事項をすでに知っている人を対象として編集されれば，おのずと×が多くなります。

6 諸辞典の情報を比較する

	ラ英大	リ英和およびプラス	Gコンサイス
進行形不可	○	×	×
受身不可	×	×	×
×discuss about	×	×	×
×explain him that	○	×	×
×suggest to do	○	×	×
stop to do / doing	×	○	×
try to do / doing	○	×	×
冠詞＋複数形	○	×	○
clip joint	×	×	×
rumble strip	×	○	×
abduction	×	×	×
compartment (vt.)	×	×	○
education	○	×	×
five and ten	×	×	×
go in	×	○	○
into	×	○	×
liquefaction	○	○	×
maintenance	×	○	○
manual	×	×	×
neglect	○	×	×
ticket	○	○	×
white goods	○	○	×
computer-assisted	単独項目なし	○	○
domestic violence	項目なし	○	○
groom	×	×	×
iPS cell	項目なし	項目なし	項目なし
sexless	×	○	△（曖昧）
text (v.)	動詞なし	動詞なし	動詞なし

	ジ英大	研英大	研英中
進行形不可	○	×	△
受身不可	○	×	△
×discuss about	○	×	○
×explain him that	○	×	○
×suggest to do	○	×	×
stop to do / doing	○	×	○
try to do / doing	×	○	○
冠詞＋複数形	○	○	×
clip joint	×	×	×
rumble strip	×	○	○
abduction	○（電子辞書）	○	○
compartment (vt.)	×	×	○
education	×	×	×
five and ten	×	×	○
go in	×	○	○
into	×	×	×
liquefaction	○	×	×
maintenance	○	○（用例の訳）	×
manual	○（電子辞書）	○	×
neglect	×	×	×
ticket	○（用例の訳）	○（用例の訳）	○
white goods	×	○	×
computer-assisted	○	△（空(か)見出し）	項目なし
domestic violence	○	×	×
groom	×	×	×
iPS cell	項目なし	項目なし	項目なし
sexless	○	△（曖昧）	○
text (v.)	動詞なし	○	○

	ルミナス	G4	ウィズダム
進行形不可	○	○	○
受身不可	△	○	○
×discuss about	○	○	○
×explain him that	×	○	○
×suggest to do	×	○	×
stop to do / doing	○	○	○
try to do / doing	○	△(間接的)	○
冠詞＋複数形	○	○	○
clip joint	×	×	○
rumble strip	×	○	項目なし
abduction	○	○	○
compartment (vt.)	×	×	×
education	×	×	○
five and ten	×	×	×
go in	×	×	○
into	×	○ (CD版)	○ (用例の訳)
liquefaction	○	○ (用例の訳)	○
maintenance	×	○	○
manual	○	○	○
neglect	×	×	○
ticket	○	○	○ (用例の訳)
white goods	○	×	×
computer-assisted	項目なし	○	△ (空(から)見出し)
domestic violence	○	×	○
groom	×	○	×
iPS cell	項目なし	項目なし	項目なし
sexless	△ (曖昧)	×	○
text (v.)	○	○	△ (空(から)見出し)

	Aコズミカ	オーレックス	プログレッシブ
進行形不可	○	○	○
受身不可	×	×	△
×discuss about	○	○	×
×explain him that	○	○	×
×suggest to do	×	○	×
stop to do / doing	○	○	×
try to do / doing	○	○	×
冠詞＋複数形	○	○	○
clip joint	○	×	○
rumble strip	項目なし	×	○
abduction	○	○	○
compartment (vt.)	○	○	×
education	×	×	×
five and ten	○	×	×
go in	×	○	○
into	×	×	×
liquefaction	×	×	○
maintenance	○ (用例の訳)	○	○ (用例の訳)
manual	○ (用例の訳)	○	○
neglect	×	×	×
ticket	×	○	○
white goods	○	○	○
computer-assisted	項目なし	項目なし	○
domestic violence	○	○	○
groom	×	×	○
iPS cell	項目なし	項目なし	項目なし
sexless	○	○	○
text (v.)	○	△ (やや曖昧)	○

6 諸辞典の情報を比較する 143

	MED2	CALD3	CCAD6
進行形不可	△	△	×
受身不可	×	×	×
×discuss about	○	○	×
×explain him that	×	○	×
×suggest to do	○	○	×
stop to do / doing	○	×	×
try to do / doing	×	×	×
冠詞＋複数形	○	○	○
groom	○	○	×
iPS cell	項目なし	項目なし	項目なし
sexless	△（曖昧）	×	○
text (v.)	○	○	○

	LDOCE5	OALD8
進行形不可	○	○
受身不可	△	△
×discuss about	×	○
×explain him that	○	○
×suggest to do	○	×
stop to do / doing	○	○
try to do / doing	○	○
冠詞＋複数形	○	○
groom	○	○
iPS cell	項目なし	項目なし
sexless	○	○
text (v.)	○	○

6.3. 比較結果

§6.1-§6.2の表から，辞書初心者には以下のことが読み取れます。辞書中級者以上には経験的にわかっていたことが再認識できます。

1) それぞれの辞書には個性がある。したがって，1冊ですべてに対処することはできない。
2) 表記法は異なっていても，辞書が伝えようとする情報には一般性がある（特に，文型および形容詞の用法）。したがって，本書程度の知識があればどの辞書にも対応できる。
3) 新語・新語義を調べるためには，新しい版の辞書を利用しなければならない（特に，『ジ英大』と『G4』のgroomとtext比較）。加えて，紙の辞書では改訂版が出ていない場合でも，新しい版の電子辞書では増補されていることがある。ときどきは電子辞書売り場に足を運んでみるのがよい。
4) 一般的な辞書には専門語および専門分野の訳語は載っていないことがある（例：neglect, iPS cell）。したがって，専門分野を対象とする事典も参照しなければならない。
5) 見出し語の訳語と用例の日本語訳は異なることがある（例：into, ticket）。したがって，自然な訳文のためには用例も見なければならない。

辞書力検定

1 電子辞書で 38th parallel (38 度線) を調べるためには，どのように入力すればよいですか。

2 dot-com (ドット・コム企業) はアメリカ式発音ではどのように表記されますか。

3 Haloween (ハロウィーン) を英英辞典で調べたところ，/ˌhælouˈiːn/ という発音記号が載っていました。英和辞典でよく用いられる発音記号に直してください。

4 『ウィズダム』では blueberry に関して，次のように記述されています。

   [名] ((複) -ries)
   [C] [U] 〔植〕 ブルーベリー 《ツツジ科コケモモ属の高木・低木の総称》；ブルーベリーの実.

上の記述に基づいて次の質問に答えてください。

(1) blueberry の品詞は何ですか。
(2) blueberry の複数形はどのように綴られますか。
(3) blueberry が「ブルーベリー」という意味のときの用法

と「ブルーベリーの実」という意味のときの用法にはどのような違いがありますか。

(4) "〘植〙" は何を表しますか。

5 『G4』では place に関して,次のように記述されています。

> [動] (plac·es /-ɪz/; ~d /-t/; plac·ing)
> (他) 1 [SVOM] 〈人が〉〈物・人〉を…に置く,設置 [配置] する,並べる (類語比較→ put) ‖ *Place* your book back [on the desk]. もとの所に [机の上に] 本を置きなさい.

上の記述に基づいて次の質問に答えてください。

(1) 1 行目の "(plac·es /-ɪz/; ~d /-t/; plac·ing)" は何を表していますか。
(2) "[SVOM]" はどういうことを表していますか。
(3) "[SVOM]" のうちの "M" の部分は他の英和辞典ではどのように表されることがありますか。
(4) 日本語訳が,"〈人が〉〈物・人<u>を</u>〉…に置く" ではなく,"〈人が〉〈物・人〉<u>を</u>…に置く" となっているのはなぜですか。

6 『プログレッシブ』では alike に関して,次のように記述されています。

> [形] [叙述] 似ている,一様な,同様な. (◆限定形容詞は similar を用いる)

上の記述に基づいて次の質問に答えてください。

(1) "叙述"は他の英語辞典ではどのように表されることがありますか。

(2) 次の下線部には alike または similar のどちらが入りますか。

   (a) All happy families are _____.
   (幸福な家庭はすべてよく似ている)

   (b) We have grown up in _____ families.
   (私たちはよく似た家庭で育った)

7 次は契約書でよく用いられる表現です。契約書であることに注意して in consideration of を日本語に訳してください（辞書参照可）。

   NOW THEREFORE, in consideration of the premises and mutual covenants hereinafter contained, the parties hereto agree as follows:

8 次は shirt の語源に関する『ジ英大』の説明です。

   〖初 12c 以前；古英語 scyrte（シャツ）.「短く切られた衣服」が原義. cf. skirt〗

   以上の説明から読み取れる情報をできるだけ多くあげてください（辞書参照可）。

9 Free Dictionary (http://www.thefreedictionary.com/) に次の表現

と定義があります。辞書編集者になったつもりで，この熟語の訳語を考えてください。

have nothing between the/your ears (*informal*)
to be stupid *He's very good-looking but has absolutely nothing between the ears, I'm afraid.*

辞書力検定解答例

1 thirty-eighth parallel（ハイフンはなくても可）

2 /dʌ́tkʌ́m/（辞書によっては /dɑ́ːtkɑ́ːm/）；×/dátkám/

3 /hæ̀louíːn/

4 (1) 名詞
  (2) blueberries（"y" を "i" に変えて "es" を付ける。）
  (3) 「ブルーベリー」という意味のときは [C]（可算名詞）であり，不定冠詞 (a/an) を付けることができる，または複数形で用いることができる。「ブルーベリーの実」という意味のときは [U]（不可算名詞）であり，不定冠詞 (a/an) を付けることができず，複数形で用いることもできない。〔注：語によっては [U] でも不定冠詞が付くことがある (cf. §2.2.3)。〕
  (4) 植物名を表す語〔植物学の分野で用いられる専門語であることを表す場合もある〕。

5 (1) place の三単現の形は places であり，"(e)s" の部分の発音は /ɪz/ である。過去・過去分詞の形は placed であり，"(e)d" の部分の発音は /t/ である。現在分詞の形は placing であり，音節は "plac" と "ing" から成る

("plac" の後で改行してもよい)。

(2) place がとる文型が「主語―動詞―目的語―副詞語句」であることを表す。

(3) [副詞語句を伴って] (研英大；ラ英大等もほぼ同様)；+[副] (ウィズダム；研英中等もほぼ同様)；[T + adverb or preposition] (CALD3)；[V n prep/adv] (CCAD6)；[always + adverb/preposition] (LDOCE5)；~ sth + adv./prep. (OALD8)。

(4) "を" を日本語訳の一部とすれば，place が他動詞であることを明らかにできる。

6 (1) [叙述的] (研英大など)；[P] (研英中など)；〖be ~〗 (ウィズダム)；《[名] の前不可》(ロ英和)；[名詞の前では用いない] (A コズミカ)；[after verb] (CALD3)；v-link ADJ (CCAD6)；[not before noun] (LDOCE5, OALD8)；[never before noun] (MED2)。

(2a) All happy families are alike. [similar も可]

(2b) We have grown up in similar families. [×alike]

7 よって，上記背景および本契約に記載した相互の約諾を約因として〔×考慮して〕，両当事者は以下のとおり合意する。

8 1 *shirt* が英語の文献に最初に現れたのは 12 世紀以前だった。

2 古英語 (450 年頃～1100 年頃の英語) では *scyrte* という語形であり，「シャツ」という意味だった。〔注：発音は /ʃyrtə/；

辞書によっては"c"の上に点が付けられている (ċ)。〕
3 古英語以前〔注：ゲルマン祖語の *skurt-〕にさかのぼれば「短く切られた衣服」〔他の辞書によれば,「短い(布)」〕という意味だった。
4 関連語として skirt（スカート）がある。〔古ノルド語 (Old Norse, ON) から英語に入った skirt と英語本来の shirt とは二重語である。ちなみに，short（短い）も同語源。〕

9 《口》頭がからっぽである，愚かである
理由：「両耳の間に何も持っていない」をいきなり「愚かである」と訳しては飛躍があってわかりにくいと思われるので,「頭がからっぽである」(または同義的表現) を入れてワンクッションおきたい。

実力判定

　1問につき10点。解答例どおりでなくてもほぼ同じ内容であれば10点。全問正解ならば200点。部分点は各自で判断。自分の解答のほうが解答例よりも優れていると思えば，1問につき最大10点加点する。

100点未満

　辞書にはあなたが思っている以上の情報が盛り込まれています。まず辞書を引くことに慣れましょう。

100～130点未満

　辞書をもっと有効に使うためには，必ず凡例を読みましょう。勉強次第で辞書の達人になれます。

130～150点未満

　辞書をさらに使いこなすためには，複数の辞書を引き比べたり，疑問が生じたら，凡例で調べたり詳しい人に質問したりしましょう。

150～170点未満

　辞書を引くことにかなり慣れていますが，辞書を引きこなしているつもりでも，読みとばしている箇所があるかもしれません。項目全体に目を通すよう心がけましょう。
　辞書の定義や説明に関する改善案を出版社に連絡すれば，次の版で意見が取り入れられるかもしれません。

170 点以上

あなたは英語辞典の専門家レベルです。積極的に周りの人に辞書中の記号の意味やそれぞれの辞書の特徴や限界を教えてあげてください。

読書案内

比較的新しく,かつ入手しやすい関連書籍等を紹介しておきたい。

第 1 章

竹林 滋・斎藤弘子 (2008)『英語音声学入門』(新装版) 大修館書店.
 著者は 2 人とも『研英大』などの編集に関与。書名は「入門」であるが,英語の発音全体をカバーしている。CD2 枚付。

東京大学教養学部英語部会 (2011)『英語の発音と発音記号』.
 iTunes で視聴可。英語で用いられる発音記号の概要を 25 分足らずで学習できる。解説中の「オト」という読み方は,厳密には,「オン」と読むべき。

第 2 章

安藤貞雄 (2008)『英語の文型——文型がわかれば,英語がわかる』開拓社.
 英語の文型として 8 文型を提案。本書第 2 章で言及した "M" は,安藤 (2008) では "A" (= obligatory Adverbial) とされている。

江川泰一郎 (訳) (1993)『実例英文法』オックスフォード大学出版局.
 英語を学習する外国語人を対象として英語母語話者によって

書かれた文法書の翻訳。

この本に限らず，ある程度の文法知識をもって辞書を読めば辞書の解説をよく理解できる。受験参考書も有益。

樋口昌幸 (2009)『英語の冠詞――その使い方の原理を探る』開拓社.

どんなとき名詞に a/an が付き，どんなとき付かないか，the はどんなときに用いられるかに関して詳述。例文多数。

第3章

特になし。

第4章

宇賀治正朋 (2000)『英語史』開拓社.

すべての分野で本格的。本書との関連では，借用語に詳しい。

下宮忠雄・金子貞雄・家村睦夫 (1989)『スタンダード 英語語源辞典』大修館書店.

英語の語源を理解するための基礎的事項が「付録」(pp. 612-641) で要領よくまとめられている。

寺澤 盾 (2008)『英語の歴史――過去から未来への物語』中公新書 1971.

英語の歴史をやさしく解説。現代の英語の特徴にも詳しい。

第5章

国広哲弥 (1997)『理想の国語辞典』大修館書店.

主な分析対象は日本語の類義語および多義語であるが，英語

辞典の記述にも参考になるところが多い。国広氏は『ラ英大』および『プログレッシブ』(第4版まで) の編集主幹。

本書では OED の特徴や引き方に関する注意事項を述べる余裕がなかった。OED に興味のある人は下記を参照されたい。

永嶋大典 (1983)『OED を読む「オックスフォード英語大辞典」案内』大修館書店.
　OED の成立史と興味ある項目の紹介がメイン。巻末に「OED を初めて利用する人のために」という OED の引き方に関する手引きがある。

言及した辞書

引用中の記号等が紙の辞書の記号等と微妙に異なる場合があることをお断りしたい。紙の辞書との異同は，以下のいずれかの理由による。(1) 入手可能であれば，電子版（オンラインやCD-ROM）の辞書を利用したため。(2) フォントの制約上，一部の記号を類似の記号で代用したため。(3) 当面の議論に無関係な場合，一部を割愛して引用したため。本文中で用いた省略形は，辞書名のあとに括弧に入れて示す。

『アンカーコズミカ英和辞典』(2008) 学習研究社．（Aコズミカ）
『ウィズダム英和辞典』（第2版）(2007) 三省堂．（ウィズダム）
『オーレックス英和辞典』(2008) 旺文社．（オーレックス）
『グランドコンサイス英和辞典』(2001) 三省堂．（Gコンサイス）
『研究社　新英和大辞典』（第5版）(1980) 研究社．（研英大）
『研究社　新英和大辞典』（第6版）(2002) 研究社．（研英大）
　　特に断りがある場合を除き，引用は第6版から。
『研究社　新英和中辞典』（第6版）(1994) 研究社．（研英中6）
『研究社　新英和中辞典』（第7版）(2003) 研究社．（研英中）
　　特に断りがある場合を除き，引用は第7版から。
『研究社　新編英和活用大辞典』(1995) 研究社．（活用）
『三省堂　英語イディオム・句動詞大辞典』(2011) 三省堂．（三イ辞）
『ジーニアス英和大辞典』(2001) 大修館書店．（ジ英大）
『ジーニアス英和辞典』（第4版）(2006) 大修館書店．（G4）
『小学館　プログレッシブ英和中辞典』（第4版）(2003) 小学館．（プログレッシブ4）
『プログレッシブ英和中辞典』（第5版）(2012) 小学館．（プログレッシブ）
　　特に断りがある場合を除き，引用は第5版から。

『ランダムハウス英和大辞典』(1994) 小学館. (ラ英大)
『リーダーズ英和辞典』(第 2 版) (1999) 研究社. (リ英和)
『リーダーズ・プラス』(1994) 研究社. (リ英和)
『ロングマン英和辞典』(2007) 桐原書店. (ロ英和)

Cambridge Advanced Learner's Dictionary (2008) CUP. (CALD3)

Cambridge International Dictionary of English (1995) CUP. (CIDE)

Collins Cobuild Advanced Dictionary (2009) Heinle & Heinle Publishers. (CCAD6)

Idiomatic and Syntactic English Dictionary (1942) Kaitakusha. (ISED)

Longman Dictionary of Contemporary English (5th Ed.) (2009) Longman. (桐原書店) (LDOCE5)

Macmillan English Dictionary (2nd Ed.) (2007) Macmillan Publishers Limited. (MED2)

Newbury House Dictionary of American English (2000) Heinle & Heinle Publishers. (NHD)

Oxford Advanced Learner's Dictionary (6th Ed.) (2000) OUP. (OALD6)

Oxford Advanced Learner's Dictionary (7th Ed.) (2005) OUP. (OALD7)

Oxford Advanced Learner's Dictionary (8th Ed.) (2010) OUP. (旺文社) (OALD8)

特に断りがある場合を除き，引用は第 8 版から。

Oxford English Dictionary (2nd Ed.) (CD-ROM) (2009) OUP. (OED2)

『広辞苑』(第 6 版) (2008) 岩波書店. (広辞苑)

(以上の辞書のほか PASORAMA (SR-G10001) 等も利用した。)

索　引

1. 記号はだいたい上から下という順，英語は ABC 順，日本語はあいうえお順に配列してある。
2. 数字はページ数を表す．§付きのものはセクション番号を表す．
3. n. は脚注を，f. は次ページに続くことを表す．

[記号]

´　→ アクセント記号
`　→ アクセント記号
'　→ アポストロフィ
"　(『リ英和』での用法)　87
' と ,（上付きと下付きの縦線）　15
¯　(母音の上)　→ macron
-　(語中，語末)　→ ハイフン
˘　(母音の上)　→ breve
˙　(c, g の上)　101f.
・　(見出し語中)　§1.2
.　(t, d の下)　11
˘　(t の下)　11
ˌ　(l などの下)　9f.
*　(語の前；推定形)　103
*　(『リ英和』での用法)　87

[英語]

[A]　74
[C]　§2.2.2
[D] (= dynamic)　63
[P]　74
[S] (= stative)　63
[U]　§2.2.2
a/an　§2.2.3
attrib (= attributive (use))　72f.
before noun / not before noun　73
breve　104
doing　56
done　57
Gmc (= Germanic)　102n.
IE (= Indo-European)　104n.
l の発音表記　9f.
M (= Modifier)　§2.3.3；→ 副詞的修飾語句
macron　103
ME (= Middle English)　101
not [never] before noun　73
OE (= Old English)　101
ON (= Old Norse)　§4.5

person 39
p.p. (= past participle) 57, 111
pred (= predicative (use)) 72f.
root (語根) 104
sb (= somebody) 62
stem (語幹) 104
sth (=something) 62
that 節 58, 62
to do 56
wh 節 58

[日本語]

アクセント記号 8, 104, §1.3.4
アポストロフィ
　語頭 3
アングロフランス語 §4.3
アンジュー朝 106
意味区分
　意味区分と [C] [U] の有効性 26
　コンマとセミコロン 117
印欧語族 105
印欧祖語 104n., 105
ウイリアム 1 世 106
受(け)身 §2.3.4
音節 4n., 9, 10n.
　成節(的)子音 10n.
音素 7n.; → 斜線
書き換え 59
　with を用いて 123f.
過去形 §2.3.1
過去分詞 57, §2.3.1

ラテン語 §4.4
可算性 → [C], [U], 冠詞
　果実と果肉 27f.
　ジャンルと作品 33
　樹木と材木 32
　建物：本来の目的 34
　地位・役割 33
　動物と毛皮 32
　動物と肉 29ff.
　犯罪名と犯罪行為 33
　野菜：まるごとと食材 28f.
可算名詞 §2.2.2
果実と果肉 27f.
活用形 §2.3.1
冠詞 §2.2.3; → 可算性
完了分詞
　ラテン語 §4.4
強勢
　第 2 強勢 14
　強勢記号 → アクセント記号
句動詞 66f.
形容詞 §2.4; → 限定(用法)
　叙述(用法); 進行形
ゲルマン語派 105
ゲルマン祖語 102n., 104
現地主義 §5.1
限定(用法) §2.4.2
構文
　形容詞 §2.4.3
コーパス 22
語幹 104
古(期)英語 101
語源 §4

索　引

語根　103n., 104
語法　21
固有名詞
　分割　5
5 文型　48n., 53
コロケーション　22
コンマとセミコロン
　意味区分　117
最上級　§2.4.1
配列順序　1
自動詞　§2.3.2
借用語　99
斜線　→　スラッシュ
　音素表示　§1.3.1
ジャンルと作品　33
樹木と材木　32
状態動詞　§2.3.4
使用地域　§3.1
使用分野
　語の使用分野　§3.3
叙述(用法)　§2.4.2
進行形　79f., §2.3.4
推定形　§4
数字　1f.
スピーチレベル　§3
スラッシュ　→　斜線
　語中　2
前置詞　54, 78, 79
建物
　本来の目的　34
縦読み　§5.2
他動詞　§2.3.2
地位・役割　33

中央フランス語　§4.3
中(期)英語　101
点　→　索引中の記号一覧参照
　語頭，語中　3f.
同形異義語　1
動作動詞　§2.3.4
動詞　§2.3；　→ [D]; [S]; M; 受
　(け)身; 進行形; 前置詞; 副詞的
　修飾語句; 文型; 命令形
動物と毛皮　32
動物と肉　29ff.
動名詞　56, 62, 77
二重語　108n., 110
二重母音　12, 13
ノルマン朝　106
ノルマンフランス語　§4.3
バイキング　§4.5
ハイフン
　語中　2, 6
　語末　104
　複合語　6
　分節　6
はじき音　11
発音記号　§1.3
犯罪名と犯罪行為　33
比較級　§2.4.1
ピリオド　2f.
品詞　19f.
不可算名詞　§2.2.2, §2.2.3
副詞　§2.5
　文中での位置　§2.5
副詞的修飾語句　48f.
複数形　§2.2.1

不定詞　56, 62, 77
フランス語　§4.3
プランタジネット朝　106
文型　§2.3.3
　書き換え　59
　5 文型　48n., 53
文修飾　§2.5
分節法　§1.2
文体
　語のレベル　§3.2
ヘンリー 4 世　106
補助(的な)記号　3, 14, 101
見出し語
　使用地域　§3.1
　使用分野　§3.3
　配列順序　1
　文体　§3.2
　見出し語中の点　3, 4

名詞　§2.2; → 可算性; 複数形
命令形　79f., §2.3.4
訳語
　使用分野　§3.3
　ぴったりの訳語　96
　古くなった訳語　16
　訳語中のコンマとセミコロン　117
　訳語中の助詞　§2.3.2
　訳語と構文　123
　訳語の相互的関連　§5.3
野菜
　まるごとと食材　28f.
ラテン語　§4.4
　過去分詞，完了分詞　§4.4
　後期ラテン語　102
　俗ラテン語　109

樋口　昌幸　（ひぐち　まさゆき）

1947年，広島県尾道市に生まれる。1974年，広島大学大学院文学研究科博士課程単位取得退学。現在，広島大学名誉教授　博士（英語学）。

辞書:『研究社　英和大辞典』（編集協力，研究社，2002）;『三省堂　英語イディオム・句動詞大辞典』（編集委員，三省堂，2011）。

著書: *Studies in Chaucer's English*（英潮社，1996）;『英語論文表現事典』（共著，北星堂書店，1999）;『例解　現代英語冠詞事典』（大修館書店，2003）;『英語の冠詞——歴史から探る本質』（広島大学出版会，2009）[英語コーパス学会学会賞を受賞];『英語の冠詞——その使い方の原理を探る』（開拓社，2009），など。

翻訳:『チョーサー　哲学の慰め』（渓水社，1991）;『MLA英語論文の手引』（第6版，北星堂書店，2005），など。

英語辞典活用ガイド
——辞書の情報を読み取るための必須知識——

<開拓社 言語・文化選書 35>

2012年10月23日　第1版第1刷発行

著作者　　樋　口　昌　幸
発行者　　武　村　哲　司
印刷所　　東京電化株式会社／日本フィニッシュ株式会社

発行所　　株式会社　開　拓　社
〒113-0023　東京都文京区向丘1-5-2
電話　（03）5842-8900（代表）
振替　00160-8-39587
http://www.kaitakusha.co.jp

© 2012 Masayuki Higuchi　　　　ISBN978-4-7589-2535-8　C1382

JCOPY <（社）出版者著作権管理機構　委託出版物>
本書の無断複写は著作権法上での例外を除き禁じられています。複写される場合は，そのつど事前に，（社）出版者著作権管理機構（電話 03-3513-6969, FAX 03-3513-6979, e-mail: info@jcopy.or.jp）の許諾を得てください。